一年は、なぜ年々速くなるのか

竹内　薫

青春新書
INTELLIGENCE

はじめに

あーあ、あっという間に一年たっちゃったなぁ。どうしてだろう。やはり歳《とし》のせいかな……そんな感想を抱く人がわたしの周囲にも増えてきた。

ただ、歳といっても実際の年齢はさまざまだ。三十代から五十代という働き盛りの人でも、一年が速くなったと感じる人がいる。逆に、七十代でも、まったく一年が速くなったと感じない人もいるようだ。

いったい、なぜ、人により、あるいは同じ人でも年齢によって、一年の過ぎ方が変化するのだろう。

わたしはもともと物理学が専門のサイエンスライターだが、脳科学者や哲学者の友人が大勢いるせいか、「時間」についても、さまざまな見地から考え続けてきた。

この本では、一年が年々速くなる理由について、物理、生物、脳科学、哲学といった側面から、いくつかの仮説を提示し、その検証をしてみたい。

たとえば、大きな時計と小さな時計では、刻むことができる最短時間がちがってくるが、それは主に物理の法則による。では、大きな生きものと小さな生きものとでは、感じる時間の流れに差はあるのだろうか？　実は、そんなこともスケーリングと呼ばれる物理の法則から推測することが可能だ。

あるいは、人間の大脳は左右に分かれているのだが、どうやら、左脳のほうに「時計係」が棲《す》んでいることが最近の脳科学の進歩により明らかになってきた。だとしたら、一年が年々速くなる理由も、この左脳の時計係が一枚かんでいるのだろうか？

みなさんは、心理学で有名な「反転図形」をご存じだろうか。コレです（左ページ）。

この図には二つの見え方があってクルクル入れ替わるのだが、その見え方を変えないよう努力してみてください。いったい、何秒くらい我慢できるだろうか。

実は、この「我慢できる秒数」が、歳とともに長くなる傾向があることがわかっている。それは、もしかしたら、年々、一年が速くなることと関係するかもしれない。

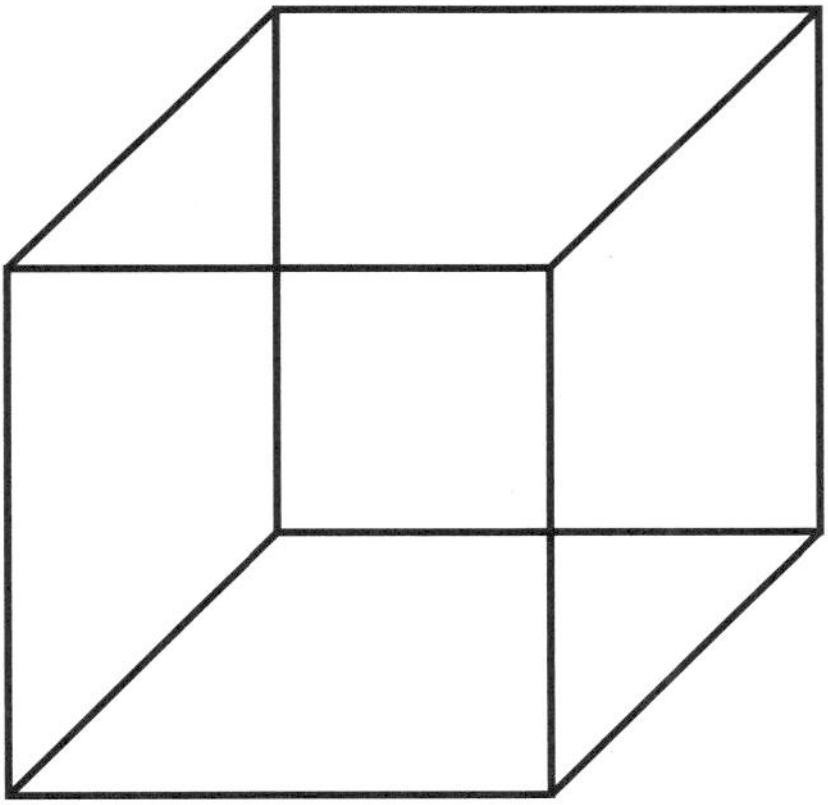

はたして、歳のせいで一年が速くなるのか、それとも、もっと別の深い理由が存在するのか。さまざまな仮説の検討を通じて明らかにしていきたい。

本書は、「科学をエンタテインメントにする」というコンセプトで書いた。だから、ところどころ、脱線をして、面白い科学のエピソードもご紹介するよう工夫したつもりだ。

筆者としては、この本をお読みくださった読者のみなさんが、最終的に「一年が速くなくなった！」と、実感できるようになることを願っている。

それでは、いざ、不思議な時間の旅へ！

一年は、なぜ年々速くなるのか◉目次

第二章 体内時計は、身体のどこにある？

……生物学的時間からのアプローチ

第三章　実感から立てた「5つの仮説」を考える　95

第一章

子供と大人で時間感覚が違うのはなぜか？

……物理学からのアプローチ

1－1 「人は時間を直接はかれない」とはどういうことか

人間は長さをはかるのに物差しや巻き尺を使う。長さは「空間」といいかえることができるから、空間は直接はかることができる、といっていい。なぜそんなことが可能かと言えば、空間は目に見えるからだ。

ところが物理学において空間と同様に基本的な概念として使われる「時間」のほうは、そんなに簡単にはかることができない。なぜなら時間は、目に見えないからだ。

ポイント **空間は目に見えるけれど、時間は目に見えない！**

目には見えないけれど、時間の流れが存在することは誰でも知っている。だから何とかして時間の長さをはかるための工夫が必要になる。

その工夫について考える前に、もう少し空間と時間の違いについて見てみよう。まず第一に、空間は行ったり帰ったりすることができる。たとえば東京から大阪に新幹線で出張して、帰りは飛行機で東京まで戻ることが可能だ。でも、時間はそんなふうに行ったり来たりすることが可能ではない。タイムマシンというSFの産物は存在するが、いまのところ、世界最先端の技術をもってしても、時間を行ったり来たりする機械が実用化された話は聞かない。人間が体験できる時間は「現在」だけなのだ。

第二に、空間では一ヶ所に止まっていることが可能だ。風邪を引いて辛《つら》ければ、朝、出勤前に会社に電話をして上司に嫌味を言われつつも、会社を休んで自分の家でじっとしていることが可能だ。空間の中でわれわれは静止することができるのだ。でも、誰も時の流れの中で静止することはできない。時間は人間の意思とは関係なく、あっという間に流れていってしまう。

文豪ゲーテが描いたファウスト博士は、「時よ止まれ、お前はあまりに美しいから」と言ったようだが、そんなことは悪魔と契約書でも交わさなければできそうにない。

というわけで、物理学者が同列に扱う空間と時間の間には、きわめて大きな違いがある。その理由については、後述（1－3節）するとして、次に、こんなとらえどころのない時間の測定方法について、考えることとしよう。

1－2

振り子の腕の長さと往復にかかる時間の関係

時間のはかりかたを知っていますか？

そう聞かれて、「いいえ」と答える人はいないだろう。

なぜなら、誰だって腕時計を持っているし、携帯電話にも時間の表示があるし、学校のチャイムだっていつでも聞こえてくるからだ。なんてくだらない質問だ！　時間は時計ではかるに決まっているじゃないか、簡単さ！

ではちょっと質問を変えてみよう。

時間のはかりかたの原理を知っていますか？　いいかえると、時計の物理学的な基礎を知っていますか？

おそらく、この問いに正確に答えられる人は、物理学者や時計職人や理科の先生を除いては、さほど多くないはず。

少し意外かもしれないが、時計の物理学的基礎は「繰り返し」にある。今ではあまり見かけなくなってしまったが、一昔前の日本では至る所にカチッ、カチッと音を立てる振り子時計があった。あの振り子が何のためについているのか、ご存じだろうか。実は振り子時計では、振り子が規則正しく行ったり来たりする性質を利用して、時間をはかっているのだ。

振り子は面白いことに、振れ幅が大きくても小さくても、一往復するのにかかる時間は変わらない。振れ幅が小さいときには振り子はゆっくりと動き、振れ幅が大きいときには振り子が速く動くからだ。

振り子の往復にかかる時間は、振り子の重り（丸い部分）にはよらない。振り子の往復にかかる時間は、振り子の「腕」の長さだけに左右される。これを専門用語で「等時性」という。

ポイント　**振り子の「チクタク」の間隔は、振り子の腕の長さだけによる**

まあ、専門的な話はどうでもいいのだが、ようするに、振り子時計では振り子の往復（繰り返し）を利用して、時間を正確にはかっているのだ。

振り子時計だけではない。世界中のあらゆる時計は、繰り返しの現象を利用して時間をはかっている。たとえば日時計の場合は、太陽が地平線から昇って南中し再び地平線に沈む「繰り返し」を使っている。あるいはクォーツ時計の場合であれば、水晶（クォーツ）の小刻みな振動を利用している（腕時計に使われている水晶は一秒間に三万二千七百六十八回振動する）。

ここで気をつけていただきたいのは、この「繰り返し」を利用する時間のはかりかたは、時間そのものをはかっているというよりは、空間内における物体の移動や振動を使っているということだ。空間をはかる物差しの場合は、直接空間の長さをはかることができたが、時間の場合はそうはいかない。

われわれは空間の中における繰り返し現象を使って、間接的に時間をはかることしかできない。いったい、なぜだろう。

サイエンス・コラム①　「ヘルツ」って何？

私が毎週金曜日にナビゲーターをしているJ-WAVE「JAM THE WORLD」というニュース・情報番組は、八一・三メガヘルツという周波数の電波で放送している。

ヘルツは、もともと電波の送受信に世界で初めて成功したドイツの物理学者ハインリヒ・ヘルツにちなんだ単位だが、「一秒に何回振動するか」という意味をもっている。メガは「百万」という意味なので、私の美声（？）は、一秒間に八千百三十万回振動する電波に乗って関東各県に届けられることになる。

日頃、「ヘルツ」という言葉をいろいろなところで耳にするが、それが「一秒に何回振動するか」という意味であることを知っている人は少ないかもしれない。ご存じなかった方は、是非、この機会に憶えていただけたらと思う。

1－3

地上とGPS衛星で時計の進み方がちがう!?

学校で物理学を教わると、空間の位置をx、物体の速度をvなどと表して、それらが時間の関数だ、などといわれる。そういうことを決めたのは、偉大な物理学者アイザック・ニュートンなわけだが、偉い人が言い出したことは、誰も疑問に思わないから、いつのまにか、それが「唯一の正しいこと」としてまかり通るようになる。

実際、この本を読んでいる人のなかに、「空間も時間も実在しない」といわれて、「ああ、そうですか」と納得する人は、ほとんどいないはずだ。

しかし、物理学のさまざまな分野の理論体系を勉強してみると、どうやら、空間や時間を「宇宙の入れ物」として最初から用意する方法だけが、物理学の理論とはかぎらないことがわかってくる。

ニュートンが打ち立てた古典力学は、まさに「物理学の古典」という意味でそう呼ばれているのだが、空間と時間が理論に欠かせない要素になっている。ニュートンの方程式には、空間xや時間tが登場するから、「空間も時間も実在しない」なんて戯言《たわごと》は通用しないのだ。

　でも、そのニュートンの古典力学をぶち壊して（あるいは、もっと穏当な表現を使うのであれば、改良して）、空間や時間が絶対的な存在ではなく、相対的なものでしかない、と主張したアルバート・アインシュタインの理論では、空間xや時間tのほかに空間x1や時間t1、空間x2や時間t2……という具合に無数の空間や時間が登場する。

　もちろん、アインシュタインの相対性理論の話をしているのであるが、「そんなの机上の空論ではないのか」と思われるかもしれない。だって、もし、この宇宙に無数の空間や時間が存在するならば、正確な時計という概念も崩れてしまうから、時計会社は潰れてしまうにちがいない。

　うーん、そう思われるのももっともなのだが、相対性理論において、空間の長さや時計の刻み方に違いが出てくるのは、「互いに光速に近い速さで動いている場合」もしくは「重力の強さが違う場合」にかぎられるのだ。つまり、地上で二つの時計を並べて置いた場合（時計が故障していないかぎり）、二つの時計の進み方に差異は生じない。

　でも、たとえば、地上の時計と高度二万キロを飛んでいるGPS衛星に搭載されている時計を比べると、実際に時計の進み方に差が出ることが確かめられているのだ！　地上の時計とGPS搭載の時計の進み方の差は、相対性理論による予測値とピッタリ一致する。GPS衛星は、地上と比べて速く動いているし、また、地球から遠くて重力が弱いので、時計が狂ってしまうのだ。

いや、この表現は正確ではない。別に地上の時計のほうが正しくて、GPS衛星の時計が狂っているわけじゃない。この二つの時計は、それぞれ、それなりに正しいのである。どちらも完璧な時計なのである。でも、相対性理論の予測どおり、時計の進み方には差が出る。

時計の進み方は相対的なのだ。それがアインシュタインの理論のココロでもある。空間や時間の尺度が無数に存在するということは、いいかえると、空間や時間が唯一の実在ではない、ということでもある。

最先端の物理学理論（たとえばループ量子重力理論など）には、空間と時間が最初に用意されるのではなく、理論の途中で生み出されるものまである。どうやら、「空間」とか「時間」という概念は、人間の頭や物理理論がつくりだすものであり、端《はな》から宇宙に備わっているものではないようなのだ。

サイエンス・コラム②　**哲学者・カントが見抜いた空間と時間の驚くべき真髄**

イマニュエル・カントといえば、泣く子も黙る大哲学者だが、その著作には空間と時間が「人間の頭に備わった形式上の概念だ」というような意味のことが書かれていて、度肝を抜かれる。なぜ、哲学者が空間と時間という物理学の概念について考えていたのか、不思議に思われるかもしれないが、カントはニュートンの古典力学を哲学的な立場から基礎付けようとしたらしい（もっと正確には、ニュートンとそのライバルだったライプニッツの考えをまとめようとした、と言ったほうがいいかもしれない）。

カントは、空間と時間は経験的には存在するから、その概念を使って古典力学の計算をしてもかまわないが、それでも、空間と時間という概念は人間の頭の中にしか存在しない、と主張する。現代風にいえば、脳が空間と時間という方法で世界を認知する、という感じか。いずれにせよ、カントは、科学者でもないのに、驚くほど科学理論の真髄を理解していたといえるだろう。

1－4

短い時間と長い時間

ところで、人類が測定することのできる最も短い時間と、最も長い時間はどれくらいだろうか？　まずは短いほうから考えてみよう。

人類が測定できる短い時間には、独特の呼び名がついていて、科学者や技術者はそういった言葉を当たり前のように使っている。

まずは一秒の千分の一の「ミリ秒」。次がミリ秒の千分の一の「マイクロ秒」、三番目がマイクロ秒の千分の一の「ナノ秒」（このナノは、いわゆるナノテクのナノである）。四番目はナノ秒の千分の一の「ピコ秒」、五番目がピコ秒の千分の一の「フェムト秒」、六番目はフェムト秒の千分の一の「アト秒」。

えーい、いいかげんにしろ！　専門用語を延々と並べるつもりか！　いや、ご安心あれ。現在、人類が測定できる最も短い時間は「アト秒」程度なのである。それは一秒の百京《けい》分の一である（できればここで、指を折りながら百京までの桁《けた》を確認してみて欲しい。何桁ありましたか？　答えは二十七ページ）。

辟易《へきえき》するほど小さな数だが、三桁ごとに名前がついている点も興味深い。日本では万以上は四桁ごとに名前が変わるのだが、西洋では三桁ごとになっている。

私の友人で外資系の会社で活躍している男がいるのだが、彼から、飲み会のとき、会社の面接で酷《ひど》い目にあった話を聞いたことがある。

彼は財務担当の責任者として、別の外資系の会社に移ろうとして、その会社の社長から面接された。これまでも数社で会計責任者をしてきたし、イギリスの大学で経営修士号（MBA）を取得しているので、そんな面接はお茶の子さいさいのはずだったが、社長から会社の売り上げその他の金額を根掘り葉掘り聞かれているうちに、頭がこんがらがってしまい、桁を一つまちがえてしまった。日本円は、通常、日本語で数えているから、それを英語で質問されて、英語に変換しているうちに、文化の違いである三桁と四桁の罠《わな》に引っかかったのである。

案の定、面接は失敗し、私の友人は、非常に悔しがっていた。面接をしたアメリカ人の社長は、英語と日本語とで、三桁と四桁での名称変更というちがいがあることなど知らないから、本当は有能な私の友人を無能だと判断したわけだ。うーん、文化のちがいは大きい。

閑話休題《それはさておき》。

この一番短いアト秒、いったいどうやってはかるのだろう？　多少比喩《ひゆ》的な説明になるが、その原理は簡単だ。

みなさんがお持ちのデジカメには、フラッシュ機能がついていることと思う。あのフラッシュを短い時間間隔で連続して使うことをストロボ撮影という。アト秒単位で物体の動きを止めて撮影するには、普通の光ではなく、（素早く点滅する）パルス状のレーザー光を使えばいい。レーザーのストロボによって、原子の動きだって撮影することができる。たとえば（ありえない話だが）オリンピックの百メートル走で、一位と二位のタイム差が一アト秒だったとすると、それは距離にしてだいたい原子一個分になる（ホントにありえない例でゴメン！）。

短いほうはいいとして、一番長い時間を考えてみると、それは宇宙の年齢だ。二〇〇三年に行なわれたアメリカのマイクロ波観測衛星ＷＭＡＰの観測結果から、宇宙の年齢が百三十七億年であることが判明した。日本が誇るすばる望遠鏡（ハワイ・マウナケア山）では、約百三十億光年先が見える。光年というのは、その名のごとく、光速（マッハ九十万）で一年かかって移動できる距離のことだ。

余談になるが、天体観測というのはとても面白い。われわれは星空を見るとき、今現在の宇宙を見ていると思っているが、実はそうじゃない。ケンタウルス座のプロキシマ星は太陽から四光年ほど離れているため、その光が地球にやってくるには四年かかる。つまり、今、夜空で輝いているプロキシマの姿は、四年前の星の姿なのだ。同様に、一万光年の距離にある星を目にするとき、われわれは一万年前の光を見ている。つまり、星空はタイムマシンの一種なのだ（ビジュアルタイムマシン！　まあ、いうなれば、月遅れのニュース映像を見ているようなもの？）。

※○○ページの答え（小数点以下）十八桁

サイエンス・コラム③　**火星の一日・一年はなぜ地球に近いのか？**

誰でも知っているように、地球の一年は約三百六十五日であり、一日は約二十四時間だ。でも、この感覚が通用するのは、たまたまそういう公転周期と自転周期をもつ、地球という惑星に棲んでいるからであり、別の惑星に移り棲んだら一年や一日の長さは変わってしまう。

今のところ、人類が移住できる可能性のある惑星は火星だけなのだが、火星の一年は六百八十七地球日であり、火星の一日は約二十四時間四十分である。なぜ火星の一日が地球と非常に近いのかは興味深いが、今のところ、単なる偶然だと考えられている。

1－5 物理学科の学生も頭を抱える素朴な疑問

ここでふたたび質問です。時間には過去から未来へ、という流れの方向があると思いますか？

実はこのような質問を物理学科に通っている大学生にしてみると、面白い反応が見られる。彼らは物理学のさまざまな方程式を知っているくせに、この質問をされると、まるでタブーに触れたかのように黙りこくるか、逃げ出すのである（半分本当です）。

実は、時間の流れの方向の問題には、大昔から「時間の矢」として哲学者や物理学者が頭を悩ませてきたのである。物理学を専門に勉強していない人からすれば、時間の矢が存在して、時が過去から未来へ流れることなど当たり前すぎて質問する気にもならないだろう。

ところが、少しでも物理学を勉強してみると、たとえば古典力学のニュートンの方程式で、時間を逆《さか》さまにしても方程式は変わらないことがわかる（逆さまというのは、時間の符号をマイナスにする、という意味)。量子論の基礎方程式でも事情は同じだ。

ようするに、物理学の方程式には時間の矢は含まれていない。それなのに、なぜ、時間の矢が存在するように見えるのか。

ポイント 物理学の方程式には「時間の矢」はない

ここで大切なのが、「エントロピー」という考えだ。経済学でも用いられるが、エントロピーというのは「乱雑さ」を表す指標である。

たとえば、私は掃除《そうじ》好きなので、書斎には塵《ちり》ひとつ落ちていない。本棚も机の上もきれいに整理整頓されている。そのような状態は「乱雑さ」が少ないので、「エントロピーが小さい」という。それに対して、私の妻の部屋は散らかり放題で、足の踏み場もない。そういう状態は乱雑さの度合いが高いので、「エントロピーが大きい」という(物理学では分子や原子の状態にエントロピーという考えを適用する)。

よろしいですか? 散らかっているなら、エントロピーは大きく、片づいているなら、エントロピーは小さいのである。

もっと身近な例では、私にせよあなたにせよ、人間は皆、口から食べ物を入れて肛門から排泄《はいせつ》するわけだが、口に入れる食べ物はエントロピーが低く、排泄物はエントロピーが高い。つまり、人間てぇヤツは、食事をすることにより、常に自分のエントロピーを下げようと努力している生きものなのだ。

うーん、ちょっとわかりにくいですか？

あまり想像したくはないが、逆の場合を考えてみよう。お尻から排泄物が入り、口から食べ物が出るとする。排泄物は（乱雑でバラバラなので）エントロピーが高い。食べ物は料理してあっても野菜や肉やパンといった形が保たれているため、乱雑さが少なく、エントロピーは低い。エントロピーが高いものを体内に取り入れてエントロピーの低いものを体外に出せば、差し引き、体内にはエントロピーが溜《た》まる。つまり、身体のエントロピーは高くなる。貯金みたいなものである（ここまでは、ありえない逆の場合でした）。

ということで、正常な場合、つまり食べ物を食べてウンチをする場合、体内のエントロピーは低くなるのだ。実は人間にかぎらず、あらゆる生きものは自分のエントロピーを低くするために、食べたり光合成を行なったりしている。

でもいったい、なぜだろう？　なぜそんな努力をしなくちゃいけないんだろう？

ポイント 生き物は、低いエントロピーの食べ物を体内に摂《と》り入れて、自分のエントロピーを低く保とうとする

先ほど、物理学の方程式には時間の矢が存在しないと書いたが、物理学には時間の矢に似た法則が存在する。それを「エントロピー増大の法則」という。この法則によれば、宇宙のエントロピーは、全体として増大することはあるけれど減少することはない。さらにいえば、完全に密閉されたシステムのエントロピーも減ることはない（完全に密閉されたシステムとは、理想的な断熱材で囲まれた家みたいなものである。もちろん、密閉されているので、空気や人間の出入りもないが）。

ということは、人間もその他の生きものも、完全ではないにせよ、密閉されたシステムなのだから、放っておいたらそのエントロピーは増大してしまう。人間を含めたすべての生きもののエントロピーが増大するということは、すなわち、乱雑さが増し、バラバラになるということである。きれいに整っていた肌が皺《しわ》くちゃになり、最後は死んで細胞もバラバラになってしまう。つまり、この憎きエントロピー増大の法則に抗《あらが》うために、われわ

れは毎日、食べて、排出しているわけなのだ。

よく、覆水盆に還らず、などというが、あれこそまさに時間の矢に似ており、エントロピー増大の法則なのだ。

しかしいまだかつて、エントロピー増大の法則が時間の矢と同じだと証明した人はいない。もしかしたらこの二つが似ているのは（地球と火星の一日が似ているのと同じように）、単なる偶然かもしれない。

偉大な物理学者のリチャード・ファインマンは次のように述べている。

> ある理由で、宇宙はある時期に、そのエネルギーの容量にくらべると、極めて小さなエントロピーで出発し、それ以来エントロピーは増加している。そしてこれが未来に向うあり方である。（『ファインマン物理学Ⅱ』ファインマン、レイトン、サンズ著、富山小太郎訳、岩波書店）

つまり、なぜ宇宙のエントロピーが増大し続けているのかといえば、宇宙が始まったとき、（なんらかの理由により）エントロピーが低かった、つまり整った状態から宇宙が生まれたからだ、というのである。最初が整っていたので、あとは、崩れるしかない。

宇宙を創った神様は、もしかしたら、大の掃除好きだったのかもしれない。だから、整理整頓され、エントロピーの低い状態から宇宙を始めたのだ。

神様の几帳面な性格のせいで、時間の矢は、エントロピー増大の方向に向いているのかもしれない。

いやぁ、ちょっと話が壮大になりすぎた感があるが、やがてすべての話は「一年は、なぜ年々速くなるのか」という話に収束するので、ご心配めさるな。

1－6

「スケーリング」の話
……子供と大人での時間感覚のちがい

この節は、第二章に登場する「生きもののスケーリング」の準備なのだが、いきなり第二章をお読みいただいても大丈夫。ただ、もともとは物理学の話なので、じっくりと基礎を知りたい読者には、それなりに面白い話題だと思う。

ということで、いきなりだが、Google の入社試験を受けてもらおう。

Google の入社試験

あなたの背の高さは十円玉の直径まで縮んでしまいます。それに応じて、元の密度を保ったまま、あなたの質量も小さくなります。次にあなたはガラス製の空のミキサーに投げ込まれてしまいます。ミキサーの刃は、あと六十秒で動き出します。さぁ、どうしますか？（『非公認 Google の入社試験』竹内 薫著、徳間書店）

なんとも人を食った問題だが、ちょっと考えてみてほしい（二、三分でいいので……）。

いかがだろう？　実はこの問題、典型的な物理学の「スケーリング」の問題なのだ。スケーリングというのは、その名のごとく、「さまざまな物理量（体積とか力とか）が、スケールとともにどう変わるか？」を考えるもの。

身近な例では、二十分の一スケールの自動車のプラモデルを設計するとして、それが「本物」らしく走るためには、どれくらいの馬力のモーターで動かせばいいか、というような問題だ。もちろん、本物の自動車とプラモデルでは素材もちがうし重さもちがうが、プラモデルが本物らしく動くためには、さまざまな物理量のあいだの比率が鍵となる。

小さくしてもエンジンと同じ馬力で動かしたら、プラモデルは壊れてしまうだろうし、空気抵抗との関係だって考えないといけない。

あるいは、有名な話だが、コンサートホールを設計するとき、ミニチュアのホールをつくって、人形の観客も座席に座らせて、音響効果を調べるそうだが、ふつうは気がつかないあるモノも変えるのだという。なんだかわかりますか？

実は、コンサートホールをミニチュアにしたため、音の波長も変えないといけなくなるのだ。たとえば、十分の一スケールのミニチュアのコンサートホールでの音響効果を調べるには、音の波長も十分の一にする。波長が短いというのは、音楽の世界では「高音」ということになる。つまり、超音波で音響効果を実験しないといけないのだ。

このように、スケール（いいかえるとサイズ）を変えたときに、他の物理量がどのように変わるかを考えないと、実験はうまくいかない。

さて、Google の入社試験に戻ると、なんと、答えは「飛んで出ればいい」となる。なぜなら、十円玉の大きさまで縮んだあなたは、おおまかに、

身長↓百分の一
体重↓百万分の一

になる（体重は体積に比例するので、「縦×横×高さ」に比例するため、長さの三乗になる！）。そして、身体の密度がそのままなので、筋肉の構造などはあまり変わらないと考えられるから、身長の何十倍もジャンプすることができるのだ。

正確な計算をせずとも、「そのまま身体がちっちゃくなったら、すばしこくなり、身長の何十倍も何百倍もジャンプできるようになる」のがスケーリングの教えるところだ（こ

の結論は、体重の小さくなる桁が二つや三つズレても変わらないし、筋力が二桁くらい弱くなっても変わらない）。

実際、蟻《あり》が自分の身体よりずっと大きな獲物を運んだり、バッタが自分の身長の何倍もジャンプしたり、ノミが自分の大きさの何百倍もジャンプしたりするのは、「サイズが変わると、体重は激減するが、力はあまり変わらない」という原理からみれば、さほど驚くにあたらないのである。

さて、このスケーリングという物理学の考え方のどこが「一年は、なぜ年々速くなるのか」と関係するかだが、無論、おおいに関係がある。なぜなら、身体のサイズが変わったときに、出せる力はあまり変わらないとして、「時間の進みかた」がどうなるかが問題だからだ。

すでにご紹介したが、振り子時計の場合、振り子の重さや振れ幅が変わってもチクタクの間隔は変わらないが、振り子の「腕」の長さが変わると、チクタクの間隔は変わる。それは、（学校の物理の教科書には書いてあることなのだが）振り子の腕の長さの平方根に比例するのである。

つまり、振り子時計の振り子の腕が四倍になると、振り子の往復運動にかかる時間は

（$\sqrt{4}=2$なので）二倍になる。腕が九倍になると、往復運動の時間は三倍になる。

時計のサイズにより、小さい時計はチッチッチと時を速く刻み、大きい時計はチークタークとゆっくり刻むことになる。仮に時計のチクタクがそのまま「時間のたちかた」だとすると、時計の大きさ抜きに時間の速さは語れないことになる！

ということは、子供のときの時間感覚と大人になってからの時間感覚とは、ちがうほうが自然なのだ。子供を小さい時計だと考えると、彼らはチッチッチと小刻みに時間を感じているにちがいない。成長して大人になると、大きい時計なのだから、チークタークとゆっくり身体が時を刻むようになる。

これは、日常の観察からも理解できるだろう。子供はすぐに飽きてしまう。親と一緒にレストランに食事に行っても、すぐに食べてしまい、席を離れたがる。大人は、そんな子供に「我慢が足りない」といって叱るのだが、大人が感じる二時間が子供にとっては四時間だとしたら、そんなに長くレストランに座っているのは、実際に退屈だし、ほとんど拷問に近い。

すばしこくて、飽きっぽい子供と、のろま（失礼！）で忍耐の続く大人のちがいが、物理学のスケーリングとか振り子時計を考えることにより、少しは理解できるかもしれないのである。

もちろん、人間は単純な振り子時計ではないし、身長によって「体内時計」の進みかたがちがうかどうかは、単に物理学の問題ではなく、生物学の問題でもあるし、そもそも、「体内時計とは何か」という問題を考えないと結論が出せないので、スケーリングについてはこれくらいにして、ふたたび第二章で採り上げることとしよう。

1－7

アインシュタインの言葉にヒントがあった！

この節の終わりを偉大な物理学者の言葉で締めくくらせてもらおう。アルバート・アインシュタインは、アイザック・ニュートンと並んで有名な物理学者だと思うが、その偉大さの一つは、「時間の相対性」に気づき、それをきちんとした数式で表現したことだろう。

とはいえ、相対性理論は現代思想の一種なので、その意味を理解するのは容易じゃない。

それは、ちょうど美術館を歩いていて、古典絵画の部屋から現代絵画の世界に入ったときに受ける「頭が痺《しび》れる」ような感覚に似ているかもしれない。

古典絵画については、「この絵はリンゴを描いたものだ」とか、「キリストの復活を描いたものだ」とか「戦争の悲惨さを描いたものだ」という具合に、モチーフやテーマについて、誰でも語ることができる。ところが、たとえば抽象絵画を前にして、「これはどんな物を描いたものなのか」と問いかけても、答えが返ってくるとはかぎらない。それは、もしかしたら、絵画という形式そのものの革命なのかもしれないからだ。

絵画における技法や形式は、物理学でいえば「ものの見方」であり、ちょっと洒落ていえば「哲学」といっていいだろう。

アインシュタインの理論により、地上の時計とGPS衛星に搭載されている時計の進み方がちがってくることが予測され、実証された。しかし、アインシュタイン自身は、自分の思想があまり広く理解されないのではないかと恐れ、次のような軽妙洒脱な説明を用意してくれた。

熱いオーブンに一分だけ手を置いてごらん。それは一時間に感じられるだろう。きれいな女の子と一時間座っていてごらん。それは一分に思われるだろう。それが相対性ってことさ。

うーん、女好きで知られたアインシュタインならではのたとえ話というべきか。しかし、アインシュタインの語録は、この本の主題の「一年は、なぜ年々速くなるのか」という問題の答えのヒントになっているかもしれない……。

1－8 第一章のまとめと仮説……子供から大人になるにつれて「時間が足りない」状態になる？

物理の観点からは、時間は、ニュートンが考えた客観的な時間がまずあり、宇宙には唯一絶対の時の流れが存在すると考えられてきた。

しかし、アインシュタインは、宇宙には無数の時の流れがあり、そのどれか一つが正しいわけではないことを理論として提出し、今では、地上の時計とＧＰＳ衛星の時計の進み方がちがうことから、その理論は実証されている。

われわれは時間といえば、一秒とか一日とか一年といったような単位が自然だと考えがちだが、それは、広大な宇宙の中のこの特殊な銀河系の中の、さらに特殊な太陽系の三番目の惑星という、ホントに特殊な環境だけで自然なのであり、宇宙の彼方の時間のはかり方は、ほぼ確実に地球に棲《す》む人類とはちがう。

そこで、そもそも物理的に時間をはかる方法を考えてみると、驚くべきことに、「時間そのもの」をはかる方法など存在しないことに気づく。なにしろ、時間ってぇヤツは、目に見えない代物なのだ。そのかわり、われわれは「繰り返し」という現象を利用して時間をはかる。それには、地球から見た太陽の運動、振り子、水晶の振動といったさまざまな現象が利用される。

アインシュタインによれば、時間は伸び縮みするものであり、その原理を利用すれば、将来、タイムマシンも不可能ではないかもしれない。

われわれは、ノミが身長の百倍もジャンプすると驚愕するが、映画『ミクロの決死圏』のようにわれわれが小さくなれば、われわれはノミと同じくらいジャンプできるようになる。それは、身長（＝長さ）が変わった場合に、体重や出せる力が身長に比例しないからだ。体重や力が身長に比例せず、どのように変化するかをきちんと考慮するのが、「スケーリング」の発想だ。

スケーリングの考えがしっかりしていれば、SFの特撮映画は本物らしく見えるし、コンサートホールのミニチュアでの音響効果のテストもできるし、「一年は、なぜ年々速くなるのか」という本書の問いにも答えられるかもしれない。

スケーリングの考えとも密接に関係してくるのだが、生物学的な要因を無視して、単純に人間が振り子時計のようなものだと考えることが許されるのであれば、子供の時間のほうが大人の時間よりも速く時を刻むことになる。子供から見れば「大人って、なんてのろまなんだろう」ということになり、大人から見れば「子供って、チョロチョロ動き回って、なんで辛抱できないんだろう」ということになる。

子供にとって、周りはスローモーションの世界であり、大人の判断は遅く、レストランには「四時間」も座っていなくてはならず、時は永遠のように感じられる。

だが、大人になると、自分の時間と周囲の時間が同じになるから、時は永遠どころか、どんどん足りなくなってくる。レストランには「一時間」しかいられないし、時はどんどん速く過ぎてゆくようになる。

うん？　でも、この物理的な仮説には、ちょっと限界があるかもしれない。なぜなら、もし、身長だけが時間のたちかたを決めるのであれば、大人になって成長が止まった時点で、時のたちかたは一定となり、その後は変化しないはずだから。

それは、明らかにわれわれの実感とは食い違う。われわれは、歳をとるごとに、特に中年以降、年々、一年が速くたつように感じているのだから。

たしかに、子供の時間と大人の時間には、物理学的な仮説があてはまるような気がするが、大人になってから、特に中年以降の時間感覚は説明がつかない。

どうやら、生物としての人間の体内時計は、単純な物理法則だけで決まるのではないらしい。

ということで、そろそろ、物理学の考察はおしまいにして、時間の生物学的な考察へと進むべき時がきた。

そもそも「体内時計」は、人間の身体のどこにあるのか？ それは脳にあるのか、心臓がもとになっているのか、細胞一つひとつに備わっているのか。そして、体内時計の進みかたは、身長のような物理学的要因によって決まるのだろうか。興味は尽きない。

第一章の仮説

物理学のスケーリングの考えによれば、時間のたちかたは、身長の平方根に比例する。子供の時の刻みは速く、大人の時の刻みは遅い。子供にとっては（大人が支配する）世界はスローモーションで動いており、退屈きわまりない場所であり、周囲の時の流れは永遠だ。大人になると、周囲の世界はふつうのコマ送りとなり、時間のたちかたは一定になる。

だから、子供から大人になるにしたがい、周囲の時間は永遠から「足りない」状態になる。

この仮説への疑問

本当に人間の体内時計は身長の平方根に比例するのか？

そもそも体内時計は身体のどこにあるのだろう？

子供から大人になると時間が足りなくなる、いいかえると一年が速くなることは説明できそうだが、同じ大人なのに、中年以降、どんどん一年が速くなることの説明がつかない。

第二章

体内時計は、身体のどこにある？

……生物学的時間からのアプローチ

2－1

生きものの時間について考えてみよう

第一章では物理学的な時間についていろいろ考えた。物理学的な時間とは、ありていにいえば「時計ではかる時間」のことである。もっとも、時計にもさまざまな種類があり、一般に大きな時計ほど時を刻む間隔が長く、小さい時計ほど間隔が短くなる。たとえばイギリスにあるビッグベンの時計は、〇・一秒という間隔をはかることができないが、クォーツ時計ならば〇・一秒をはかるのはお茶の子さいさいだ。

ここでちょっと発想を転換してみよう。

われわれはえてして、宇宙には唯一の物理的な時間が流れていて、その時間の最小単位は（たとえば）一秒程度だと考えがちだ。しかし秒という単位は、単に一分を六十分の一等分しただけであり、一分も一時間を六十分の一等分しただけであり、一時間も一日を二十四等分しただけであり、この六十等分や二十四等分には（文化的、歴史的意味合いは別として）何の意味もない。

つまり、秒という時間の単位は、人間が勝手に決めたものであり、自然界にもともと備わっている性質ではないのだ。

発想の転換というのは、こうである。「宇宙にあらかじめ時間の流れや時間の間隔（刻み）があると考えるのではなく、時間は個々の具体的な時計によってつくられる」と考えるのだ。大きな振り子時計がつくる時間と小さなクォーツ時計がつくる時間は、異なる時間なのだ（アインシュタインの相対性理論を考慮すれば、同じ時計でも重力や加速度がかかれば時間の刻みが変わってくるが、この章では地球上の生きものの時間を扱うので、アインシュタインのことは脇に置いておこう）。

とにかく、時間というものは抽象的でとらえどころのないものではなく、具体的に現存する時計ではかることだと考えよう。

第一章でかなり乱暴に、子供は小さな振り子時計で、大人は大きな振り子時計だと書いた。もちろんそれは、かなり比喩的な意味合いを持っているが、実をいえばまんざら嘘ではない。

次の節では、生きものの大きさによって体内時計の時の刻みかたが異なることを説明したい。

2－2

ヒトの1日はネコの3日？

人間の時間とネコの時間を比べてみよう。

たとえば日本人の平均寿命は、男性で約七十八歳、女性で約八十五歳。まあ、だいたい八十歳程度だ。ネコの寿命は確固たる統計はないが、野良で四年、飼い猫で十数年程度だと思われる（今年の正月に他界したわたしの愛猫は、十八年生きた）。なぜ、人間とネコはこんなに寿命が違うのだろう。

寿命だけではない。長年、ネコと一緒に暮らして彼らの行動を観察していると、彼らの睡眠パターンが人間とは全く違うことに気づく。ネコは「寝る子→寝子」となまったものだといわれるが、たしかに彼らはよく寝る。

昼間、わたしが書斎で原稿書きをしていると、これ見よがしにパソコンのキーボードの上に来て寝るし、夜、わたしがベッドで読書をしていると、本を押しのけてわたしのお腹の上で寝る。実際、うちのネコどもは一日に三～四回は寝たり起きたりを繰り返している。

大抵のヒトは、一日に一回しか寝ないから、ネコはその三倍程度のペースで寝ている勘定になる。

ここで前節の発想の転換を思い出すと、ネコにとっての一日は、一回寝るたびに、やって、く、る、の、だ、と、考、え、ら、れ、る。つまり、人間の時間とネコの時間はそもそも進みかたが違うのだ。

もしこの考えが正しいとすると、十八歳で死んだわたしの愛猫は、ネコの時間の尺度では十八年の三倍から四倍を生きた勘定になり、ネコなりに長寿だったということになる。

この考えが正しいと思われるひとつの証拠は、ネコが敏捷《びんしょう》ですばしこいことである。今飼っている二歳のネコは、フェッチという遊びが好きで、わたしが（針のついていない）針山を投げてやると、それを追いかけ、口にくわえて戻ってきて、わたしの足元にポトリと落とす。まるで犬みたいだが、この時間間隔がものすごく短いのだ（笑）。

わたしが食事をしながら針山を投げてやり、ご飯を口に運ぶ前に針山は戻ってくる。あるいはネコと追いかけっこをして遊ぶときも、わたしはまるでスローモーションの巨人のごとく、ネコどもに翻弄《ほんろう》される。

つまり、ネコの時間はチッチッチッと速く進み、人間の時間はチークタークとゆっくり進むのだと考えれば、すべて辻褄《つじつま》が合うのだ。

ネコを飼っていない読者は、やんちゃな子供に翻弄される大人の姿を思い浮かべていただきたい。その場合も、子供たちの時間が大人より速く進むのだと考えれば、彼らの行動も辻褄が合うのではないか。

2－3

ハツカネズミからゾウまで ……生きもののスケーリング

前に出てきたスケーリングという考え方は、生きものにも当てはまる。五十七ページの図をご覧いただきたい。この図では、横軸が生きものの体重になっていて、縦軸が心周期（心臓の拍動の間隔の長さ）になっている。たとえばヒトの場合、心臓がドクッと収縮してから次に収縮するまでが約一秒なのだ。このグラフの面白いところは、あらゆる哺乳類について、体重と心周期の関係がきれいな直線の上にのることだ。

うん？　つまり、心臓の鼓動と体重は比例するのか？

残念ながら、ちょっと違う。このグラフは理科系の人がよく使う両対数グラフというもので、横軸も縦軸も普通の目盛りではなく、一、十、百、千という桁がふってあるのだ。だからこのグラフの目盛りを一、二、三、四という普通の目盛りに直すと、グラフは曲線になり、体重は心周期に比例するのではなく、心周期の四乗に比例する。

ちょっとムズカシイですか？　えーと、心周期は「体内時計」といいかえれば、理解しやすいだろう。実際、ほとんどの生きものは、心臓が二十億回鼓動するとその一生を終える。だから心臓は時計の振り子のようなものであり、生きものという名の時計は、振り子が二十億回往復すると寿命が尽きて壊れてしまうのだと考えることができる。

さて、体重はその生きものの大きさを表すと考えられるから、このグラフが示しているのは、大きい生きものほど体内時計がチークタークとゆっくり時を刻んでおり、小さい生きものは体内時計がチッチッチッと速く時を刻んでいるということなのだ。

体内時計というのは、いいかえると「体感時間」のことである。だから、ネコとヒトを比べると、人間にとっての一日はまさにネコにとっての四日に相当する、といえる。

生きものの心臓の鼓動は、その生きものの寿命が尽きるまでのタイムリミットをカウントする時計なのかもしれない。

（注：ここでの「体内時計」という言葉の使いかたは、通常、生物学者が使っている体内時計（その代表がサーカディアンリズム、概日周期。つまりおおよそ一日・二十四時間の周期。七十五ページ参照）のことではなく、その生きものにとっての体感時間を比喩的に表現したものであることに注意していただきたい。）

◆体重と心周期の関係

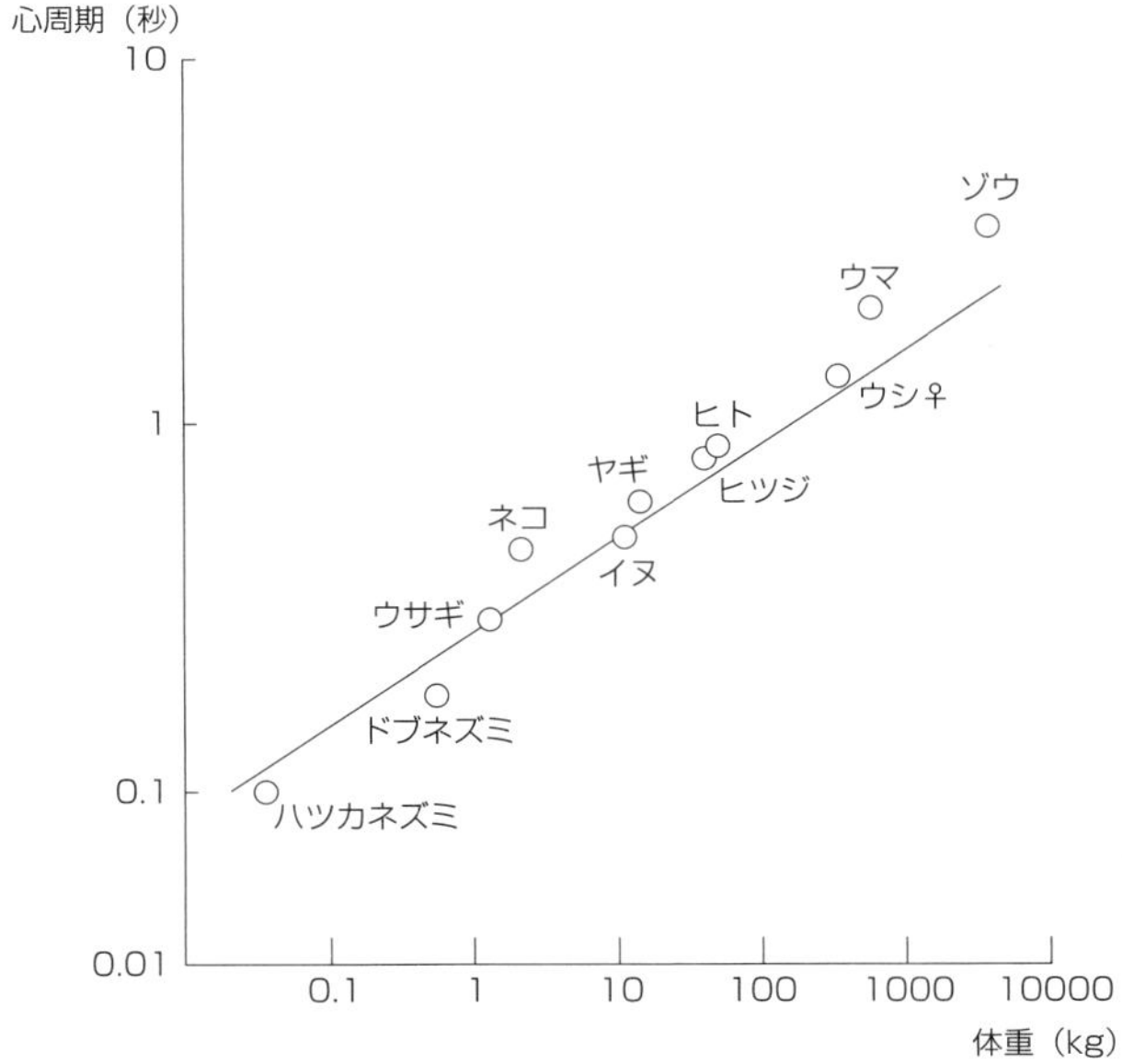
心周期（秒）
10
1
0.1
0.01
0.1
1
10
100
1000
10000
体重（kg）
ゾウ
ウマ
ウシ♀
ヒト
ヤギ
ヒツジ
ネコ
イヌ
ウサギ
ドブネズミ
ハツカネズミ

2－4

ヒトの意識は3秒ごとにリフレッシュされる

第一章では、物理学的にはかることができる一番短い時間（アト秒）と一番長い時間（百三十七億年）があると書いた。ここでは、その生物版を、といっても人間に限定してご紹介したいと思う。

「あなたは、自分が識別できる一番短い時間と一番長い時間がどれくらいだと思いますか？」……などといわれても途方に暮れてしまうが、その答えはドイツの生理学者、エルンスト・ペッペル博士が教えてくれる。

ペッペル仮説　人間が感知できる一番短い時間は百分の三秒であり、人間が感知できる一番長い時間は三秒である

いったいそんなこと、どうしてわかったんだろう？

一番短い時間は、人間に光や音の情報を与え、反応時間をはかったのだ。といっても、百分の三秒後に反応するということではなく、百分の三秒、百分の六秒、百分の九秒……という具合に、百分の三秒おきに反応が見られるというのだ。

ちょっとわかりにくいので、まずは「同時」と「順次」の差の実験から見てみよう。

被験者に、音や映像や皮膚への刺激を二回続けて与える。連続して光を見せたり、音を聞かせたり、皮膚を触ったりするのだ。そのとき、二回の刺激の間隔が短すぎると、われわれはそれが一回、つまり同時だと感じてしまう。あまり間隔が短いと、別々の刺激として区別できないのだ。刺激のあいだの時間間隔を徐々に長くしていくと、あるとき、「あ、二回の刺激だ」とわかる瞬間があるという。その時間間隔が百分の三秒なのだ。

つまり、百分の三秒より短い時間間隔は、人間にはわからない。

もっと厳密な実験としては、被験者にヘッドフォンをつけてもらい、右耳だけに音が聞こえるようにし、また、視線の少し右側でライトが点滅するような状況をつくる。また、右手で「音が鳴った！」、「ライトが点灯した！」という二つのキーのどちらかを押してもらう。

なぜ、こんなことをするかといえば、まず、右耳からの情報も右の視野からの情報も左脳が処理するからであり、これにより、左脳と右脳の連絡などの要素を取り除くことができる（左脳と右脳が連携プレーで反応してしまうと、「相談」に余計な時間がかかったりする！）。また、視覚情報と聴覚情報のどちらが「来る」かわからないため、フライングの可能性がなくなる。ほら、運動選手が、「ヨーイ、ドン！」の音が鳴るちょっと前に走り出したり、水に飛び込んだりするでしょう。それをされると、本当の刺激反応時間がわからなくなってしまう。視覚と聴覚のキーを分けておき、どちらが来るかわからないようにしておけば、そういったズルはできなくなる。

ペッペル博士は、この心理学的にかなり綿密に設計された実験により、人間の反応速度が、百分の三秒の倍数になっていることを実証したのだ。

このヒストグラムにはほぼ同じ間隔で並んだいくつかのピークがある。これは被験者が特定の時間に好んで反応し、他の時間を避ける傾向があることを意味している。（中略）突然の出来事の認識によって、脳の中ではおそらく「振動する」プロセスが働きだし、その際この振動の各周期はおよそ〇・〇三秒である。（中略）脳内振動とは人がプディングに手で加えた振動のような力学的振動ではなく、神経細胞の特定の

◆人間の反応速度は 3/100 秒の倍数になっている

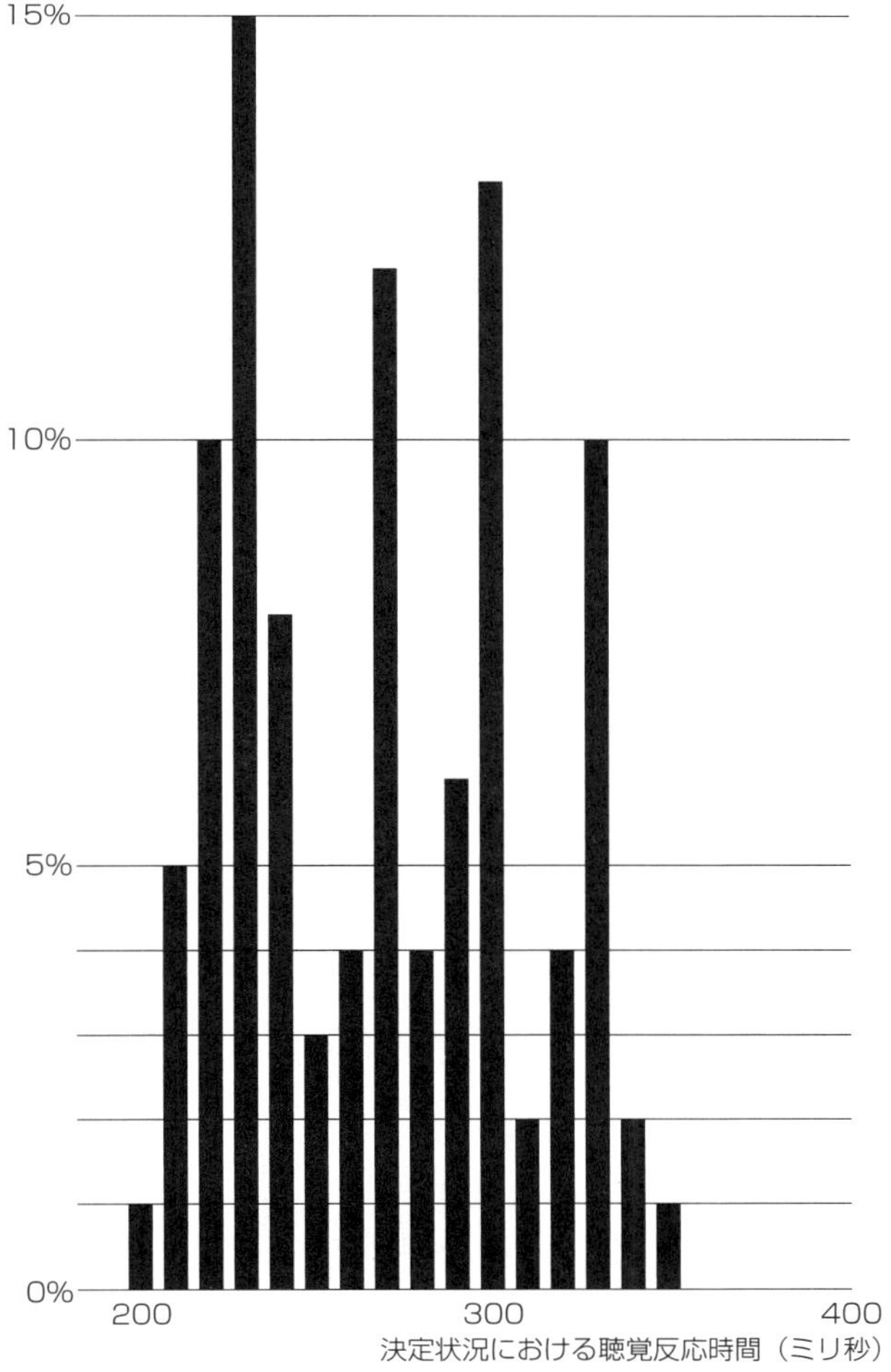

（『意識のなかの時間』図 7 より）

回路に基づいて生じる「電気的」な振動である。（『意識のなかの時間』エルンスト・ペッペル著、田山忠行・尾形敬次訳、岩波書店、四十四〜四十五ページ）

ヒストグラムとは、度数分布を表した柱状グラフのこと。

ちょっとわかりにくいが、少しパソコンに詳しい方なら、パソコンの処理速度がナントカ・ギガヘルツというような数字で表されることをご存じだろう。たとえばプロセッサの処理速度が一ギガヘルツというのは、一秒間に十億回の計算ができるという意味だ。人間をそれに当てはめると、百分の三秒は一秒間に約三十三回処理ができるのだから、人間プロセッサの性能は三十三ヘルツということになる。これは極めて性能の悪いパソコンということになる（汗）。

もちろんこれは、人間の脳がパソコンに劣る、ということは意味しない。人間の脳はたかも、いくつものパソコンをつなげた超並列コンピュータのような配線になっており、その計算能力は厖大《ぼうだい》だからだ（それでもパソコンオタクのわたしからすると、自分の脳ミソが三十三ヘルツという低スペックであるということは、気分がよくない！）。

さて、次に、一番長い時間が三秒、という点について考えてみよう。これも何だか、解《げ》せない数字だ。人間の寿命が八十年だとしたら、一番長い時間も八十年じゃないのか？
いや、ここでペッペル博士がいっているのは、集中が持続する時間のことであり、人間の意識がいちどきに三秒程度しか持続しないことは、次のような図（六十五ページ）を眺めることで証明できるのだという。

この図は、心理学者のネッカーが考案した図だが、じっと眺めていると、立方体の見えかたが変わってしまう。それまで上の面だと思っていた四角形の左側の部分が、いつの間にやら側面に変わってしまう。実に不思議だが、ポイントは、いくら頑張ってひとつの見えかたを保とうとしても、数秒たつと自然に別の見えかたに切り替わってしまうことだ。

ウソだと思うなら、ここで図を十秒くらい、じっと眺めていただきたい。

いかがでしょう？　どんなに頑張っても、十秒以上同じ立方体の見えかたのままだった人はいないはず。

これも何だかわかりにくいが、やはりパソコンの例で説明するのであれば、画面のリフレッシュに相当する。パソコンの画面は、一秒間に六十回から百二十回ほど書き換えられ、リフレッシュされている。あるいはＴＶの画面だって（パソコンとは方式が異なるが）常にリフレッシュされている。それと同じで、人間の意識は三秒ごとにリフレッシュされるのだ。

ではどうして、人間は三秒ごとに意識が切り替わっているのに気づかないのかといえば、人間の脳が三秒ごとの意識をうまくつなぎあわせ、切れ目のない過去から未来への流れだと錯覚させるからなのだ。

これも比喩的な説明になるが、人間の意識の一コマ一コマがつながって流れること、それは映画の一コマ一コマがつながって途切れのない映像になるようなものだ。

一コマというのは、人間の意識が「ひとまとまり」として認識できる時間の上限だ。あまりに長い時間がかかると、人は、それを「一コマ」としてまとめることができなくなってしまう。

もちろん、ペッペル博士はネッカーの立方体だけからこの仮説を唱えているわけではなく、さまざまな生理学的・心理学的実験を行なっている。

わかりすい実験をもうひとつご紹介しておく。メトロノームのカチッ、カチッという音を二つずつ「ひとまとめ」にするのである。—カチッ・カチッ—カチッ・カチッ—カチッ・カチッ—……と、二つずつがグループだと考えるのだ。そんなこと、簡単にできると思わ

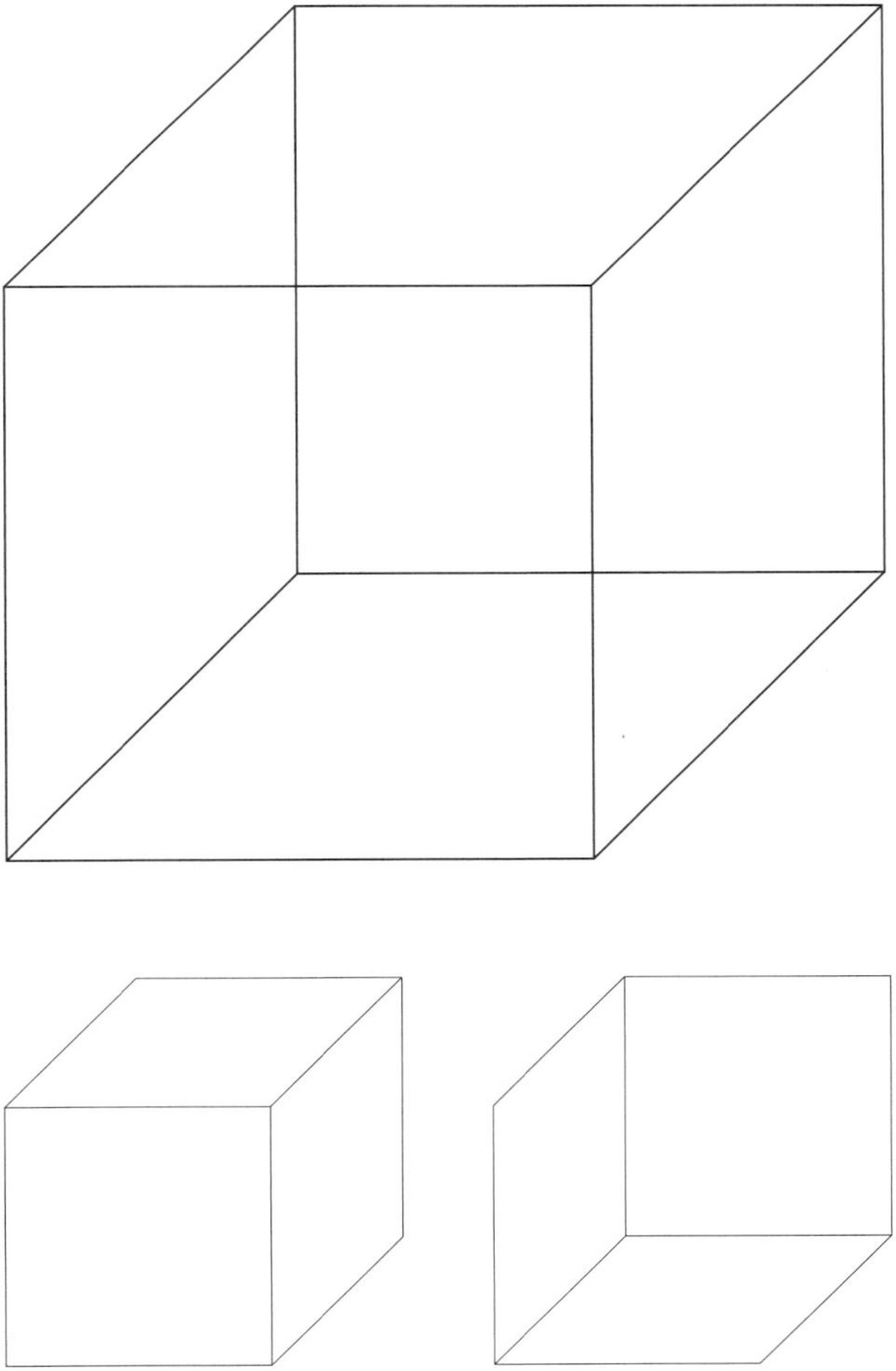

れるかもしれない。

だが、ことはさほど単純ではない。

なんと、音をひとまとまりとして感じることができるのは、メトロノームの数字を四〇にセットしたあたりが限界で、「カチッ」と「カチッ」の間隔は約一・五秒なのだ。


まとまりを主観的に作る時の限界がほとんどの人では二・五秒から三秒ぐらいであることが観察される。ちなみにこの限界は実験心理学の創始者であるヴィルヘルム・ヴントによってすでに発見されていた。この発見によって、なぜ市販のメトロノームが四〇以下にセットすることができないのかという問いに答えることができるだろう。これ以上遅いテンポでは、主観的なまとまりの形成はますます難しくなり、おそらく音楽的経験とは無関係なものとなってしまうからである。(前掲書、六十八ページ)

三秒というのは、人間が「今」としてひとまとまりに統合できる時間の上限なのだ。

最後に、ペッペル博士の三秒仮説を裏付けるわかりやすい例をいくつか挙げておこう。

（その一）外国に行って、喫茶店で知らない言葉に耳を傾けてみると、ほぼ三秒ごとに発言が途切れることがわかる

（その二）古今東西の有名な音楽のテーマは、ほぼ三秒間という長さになっている

（その三）その他の身近な例を自分で考えること！

三秒という数字は平均値であり、多少個人差があるそうだ。ペッペル博士によれば、若い人たちは三秒程度、お年寄りは五秒程度というばらつきがあるらしい。

この最後の点は、「一年は、なぜ年々速くなるのか？」という本書のテーマからすると、案外無視できないかもしれない……。

2－5

体内時計はどこにあるのか？

……左脳が壊れた脳科学者の証言

さて、ペッペル仮説は、人間の意識の限界の両極端をうまく説明するものだが、「一年は、なぜ年々速くなるのか」という本書のテーマとは直接係わってくるものではない。そこで、もう少し別の視点から人間の時間について考えてみよう。

そもそも、人間が時間を感じるというのは、いったいどういうことなのか。体内時計は人間の身体のどこにあるのだろうか。

実はここに、アメリカの脳科学者の生々しい体験記がある。一九九六年十二月、ハーバード大学医学校の脳神経解剖学者ジル・ボルティ・テイラー博士は、突然の脳卒中に見舞われ、言語機能をはじめとする左脳の多くの機能を失った。

彼女はそれまで「歌う脳科学者」としてギター片手に全米を講演して回り、脳の基礎研究のため、精神病患者に死後、脳を献体してもらうための運動を繰り広げていた。もともと、実の兄が統合失調症を患っていたこともあり、その生涯をかけて脳疾患の研究を続けていたのだ。

ところが、テイラー博士の脳内の血管には先天的な奇形があり、動脈血と静脈血の血圧の差を緩衝《かんしょう》する部分がうまく形成されていなかった。実際彼女は、脳卒中で倒れる前、頻発する偏頭痛に悩まされていたが、市販の頭痛薬はまったく効き目がなかったという。それもそのはず、彼女の偏頭痛の原因は血管の奇形部分からの小さな出血の繰り返しだったのだ。

テイラー博士は自分が脳卒中で倒れた朝から八年かけてリハビリをし、見事復活を遂げるまでの一部始終を手記の形で発表した。その劇的なカムバックの様子についてはここでは触れないが、本書のテーマと密接に結びついている部分だけ、内容をご紹介しよう。

テイラー博士の脳の出血は、脳の左の側頭葉、ちょうど言語を司る領域の真上で起きたため、すぐに言葉がしゃべれなくなり、人の言葉も理解するのが難しくなってしまった。

脳卒中が起きてからしばらくすると、テイラー博士の脳内出血の範囲は拡がり、左脳の後頭部に近いところにある方向定位連合野の機能も徐々に衰えていった。この定位連合野は、自分の身体の境界、時間と空間の感覚などを処理している。ここが破壊されると、自分の肉体が周囲の空気や触っているものと混ざり合ったかのような不思議な感覚に陥り、まるで自分が水のような流体になったと感じてしまう。つまり、身体の境界線がぼやけてしまうのだ。

それだけでなく、われわれが当たり前のように認識している縦・横・高さという三方向への拡がり、いいかえると、三次元空間もわからなくなってしまう。自分の身体の拡がりと周囲の空間の区別すら、つかなくなってしまうのだ。

さらには（ここが本書にとっては重要な箇所だが）、時間の感覚もなくなってしまう。テイラー博士によれば、過去・現在・未来という直線的な時間の流れはなくなり、現在、すなわち「今」という感覚しか残らなくなるのだという。

わたしは左脳とその言語中枢を失うとともに、瞬間を壊して、連続した短い時間につないでくれる脳内時計も失いました。瞬間、瞬間は泡のように消えるものではなくなり、端っこのないものになったのです。ですから、何事も、そんなに急いでする必要はないと感じるようになりました。波打ち際を散歩するように、あるいは、ただ美しい自然の中をぶらついているように、左の脳の「やる」意識から右の脳の「いる」意識へとわたしは変わっていったのです。小さく孤立した感じから、大きく拡がる感じのものへと変身しました。言葉で考えるのをやめ、この瞬間に起きていることを映像として写し撮るのです。過去や未来に想像を巡らすことはできません。なぜならば、それに必要な細胞は能力を失っていたから。わたしが知覚できた全てのものは、今、ここにあるもの。それは、とっても美しい。（『My Stroke of Insight』Jill Bolte Taylor, Ph.D., Viking　7章、竹内訳）

われわれは、時間とか空間という概念が極めて当たり前のものだと思っているが、テイラー博士は、そんなものは左脳の定位連合野がつくりだしたバーチャル・リアリティにすぎないことを自らの体験で証明してみせたのだ。

ここで、第一章のコラムを思い出していただきたい。哲学者のカントが「時間と空間という概念は形式にすぎない」といっていたではないか。カントの時代には、脳科学は現在ほど発達していなかったし、脳科学者自身が脳卒中の体験記を書くこともありえなかったから、カントの仮説の正否は（科学的には）判断が難しかったが、どうやらカントは正鵠《せいこく》を射ていたようだ。

テイラー博士の手記からわかることは（少なくとも彼女の場合）、右脳は「今」という瞬間の映像を撮影するカメラのような役割を果たし、左脳がその一枚一枚の映像を時間順に並べ、過去から未来への辻褄の合ったストーリーに仕立てること。いうなれば、右脳という名のカメラマンが撮った一コマ一コマを、左脳という名の監督が一本の映画にまとめあげるようなものだ。

わたしの妻はヨガのインストラクターなのだが、ヨガセッションの最後に行なうメディテーションでは、実際にテイラー博士が体験したような感覚が（上手にやると）得られるのだという。身体の境界が消え去り、時間が経過しているという感覚も薄れてゆく。「風と一緒に身体がどんどん拡がって空の中に溶け込んでいき、身体と空気との境目なんてなくなってしまって、今がいつなのか、あとどれくらい時間があるのか、どれくらいの時間がたったのかなんてことが、いっさい感じられなくなる」のだそうだ。

テイラー博士の体験談とヨガのメディテーションの体験談を比べてみると、共に左脳の方向定位連合野の働きがシャットダウンしたのだと推測することができる。脳卒中の場合は出血により強制的に、ヨガの場合は精神コントロールの一環として。

テイラー博士は自らの体験を「至福」と呼び、安全な方法で自らの体験を他の人々と共有したいと書いているのだが、おそらくヨガのメディテーション、あるいはそれに類する宗教的な瞑想などが、彼女のいう「至福」に相当するのだろう。

テイラー博士の脳卒中の体験からわかったことは、われわれが普段感じている時の流れは、左脳の方向定位連合野が司っており、いってみれば時間の流れなんてものは、脳がつくりだしたリアルな幻想にすぎない、ということだ。

だとしたら、一年が年々速くなるというのも、左脳が「犯人」である可能性がある。テイラー博士は、時間の速さについて興味深い記述を残している。

> 左脳の時計係が店じまいしたことで、わたしの生活の時間的なリズムはゆ～っくりになり、カタツムリのペースに変わりました。時間についての知覚状態が変わったので、周囲の蜂の巣のような騒がしい場所の音と映像が、同期しなくなっています。意識はタイムワープの中へ漂っていき、その結果、慣れ親しんだ、まともなペースでの社会とのコミュニケーションや社会機能も、わたしには不可能になりました。（『My Stroke of Insight』Jill Bolte Taylor, Ph.D., Viking　7章、竹内訳）

つまり、蜂の巣のような騒がしい周囲の活動と「同期」するのは左脳の時計係、すなわち方向定位連合野の仕事だというのだ。その機能が失われたとき、テイラー博士の時の流れは、カタツムリのペースとなってしまった。右脳は「今」にしか関心がなく、せかせかと働くことには興味がない。

われわれ現代人にとって、時が速く過ぎ去ることは、自分のペースがカタツムリのようになり、周囲の蜂の巣をつついたようなペースに乗り遅れることを意味するのではないか。

だとしたら、年々、一年が速くなるように感じるのは、「細部にこだわり、時間の順序を並べる」左脳の時計係の力が弱まり、「全体像をつかみ、今だけを感じる」右脳の働きが相対的に強まったのが理由かもしれない。

サイエンス・コラム④　標準的な「体内時計」の話

本書のテーマとはあまり関係ないと（わたしは）思うのだが、言葉の問題があり、誤解を生む恐れがあるので、補足しておこう。

通常、生物学で「体内時計」といえば、人間の場合、脳の視床下部《ししょうかぶ》の視交叉上核《しこうさじょうかく》という場所に中枢があることがわかっている。視交叉上核は、目の網膜から入った光の情報を他の情報と統合し、松果体《しょうかたい》に送る。すると、外が暗くて夜なら、松果体はメラトニンというホルモンを分泌するので、眠くなる。逆に、外が明るくて昼なら、松果体はメラトニンをあまり分泌しない。

わたしの知り合いの心理学者は、飛行機の中で眠るためにメラトニンを服用している。それは、われわれの体内時計が、ほぼ二十四時間周期で時計の針が一周するため、飛行機による時差が反映されないからだ。体内時計が「眠れ」という指令を出してくれないので、メラトニンを飲むのである。

二十四時間の体内時計には「概日リズム」という名前がついている。その名のごとく「おおよそ一日の周期」という意味である。驚くべきことに体内時計のおおもとの遺伝子がたくさん見つかっており、ピリオドとかクロックという洒落た名前がついている。

体内時計が狂うと、当然、一日のリズムが狂ってしまうが、一年が年々速くなる、という現象は、あまりに大勢が感じていることであり、また、一日ごとの現象でもないため、本書のテーマとは今のところ関係ないと思われる。

2－6

女性の性と時間の関わり

本書を書くにあたり、さまざまな年齢層の人にアンケート調査を行なった。その結果と分析については後の章に譲るが、「時間が速く過ぎるようになったと感じる」時期にはっきりとした一致の見られる層があった。

そのひとつは、出産した女性である。子供が産まれてからは、それ以前に比べると時間が過ぎるのがとても速く感じる人がほとんどなのだ。

そしてもうひとつが、女性が四十代後半～五十代にさしかかったころ。

（注：とはいえ、男性であるわたしが女性の出産やホルモンについて赤裸々に語ると、違和感を覚える読者が続出すると思うので、この節は、マタニティビクス・ヨガのインストラクターをしているわたしの妻（藤井かおり）に分析と執筆を依頼することにした。）

生物の雌雄には、はっきりとした生殖での役割分担があり、そのために身体の機能もちがえば、生殖可能な期間もちがう。子育てをする生物のオスもいるが、妊娠・出産・母乳による授乳は、今のところメスのみが行なう種がほとんどだ。

生物種によって妊娠や授乳期間は異なるが、ヒトの場合は妊娠が約四十週、授乳は個人差があるものの、栄養供給としての授乳はせいぜい一年間である。ただ、その間の母親の身体は、胎児を発育させ、娩出し、生きる上で必要不可欠な母乳を産出する、という役目を担う。というか、ほぼそれ専用の身体になるために、ホルモン分泌や身体の組織が変化してしまう。

身体だけでなく、生活も激変する。乳児を持つある母親によれば「自分の時間なんてありえない」状態が短くて数ヶ月、長ければ数年にわたって続くのだ。それまでは、たとえ多忙な仕事を持っていたとしても、自分のために使う時間はどこかに必ずあったのだが、子供が産まれてからはそういう時間がまったくなくなり、育児と家事に追われているうちに、気づいたらあっという間に時間が経過している、というのが実感のようだ。

たとえば美容院に行く、ゆっくり買い物をする、といったことはできなくなることが多いのだが、赤ちゃんを見てくれる人がいないから、という物理的な理由だけでなく、赤ちゃんを誰かに預けて外出しても、気になって落ち着かず、結局ゆっくりできないのだ、という人が多かった（仕事を持つ母親も同様で、仕事が終われば「子供を迎えに行く」以外の選択肢はほとんどない）。

つまり、肉体的にも精神的にも、母親と赤ちゃんは密な関係になっているので、乳児期の子供を持つ母親は「自分の時間＝何もしていない時間帯」をあまり持たない。そのため、一日一日がただ過ぎていく、という感覚を持つ人が多いようだ。

育児の忙しさと仕事をしている忙しさとのちがいはそれだけではなく、評価されるかどうか、ということも関わってくるだろう。仕事での忙しさは給与や報酬という形になって目で見ることができるが、育児や家事労働は金銭に換算されて報酬となることはない（最近では家事労働も労働として換算されることが多いが、だからといって時給制で家事をやっている主婦または主夫はあまりいないだろう）。「家族の笑顔が報酬です」という見方もあるのだろうが、いわゆる労働の対価とは種類が違うので、これを評価といえるかどうかは微妙である。

目に見える形での報酬もなく、納期や締め切り、給料日といった具体的な区切りも見えない育児に携わる女性にとって、時間とは、自分の頭の上のどこかで知らず知らずのうちに過ぎ去っていってしまうもののようだ。

では、四十代後半～五十代の女性はどうかというと、「年齢を重ねた」という強い実感がある人が多いようだ。これはずばり、閉経の時期である。

ヒトのメスは、第二次性徴期には卵巣内に三十万個ほどの卵母細胞を持っているが、このうち、生殖可能な期間に成熟して卵子として排出されるのは約四百個。閉経の十年ほど前くらいから卵母細胞は急速に退化していき、やがて閉経を迎えると、卵母細胞のすべてはなくなってしまう。多少の個人差はあるが、ヒトのメスには「生殖の終わり」が来るのである。

ヒトのオスの場合、加齢とともに男性ホルモンが減少し、性交渉そのものに対する興味が薄れたり、精子の数や精子運動が減少する傾向はあるものの、生殖機能そのものはなくならない。射精ができて精子のＤＮＡに異常などがなければ、ある意味、年齢に関係なく生殖が可能なのだ。

生涯現役という言葉があるけれど、オスの生殖活動においては当てはまる場合もあるが、メスにとっては不可能なことなのである。

だから、女性が閉経を迎えるということは、子供を作る機能がなくなる、ということを身体で知ることでもある。ホルモンが急激に減少することで骨量が減り、骨は脆《もろ》くなる。

身体だけでなく精神的な変調を感じる人も多く、更年期障害とうつ症状はセットになることも多い。身体感覚での「加齢」は精神にも影響を及ぼし、閉経を人生の黄昏時《たそがれどき》のように感じて、夕暮れ時になると気分がひどく落ち込んだり（黄昏症候群といわれることもある）、子育てが終わって時間ができたら何をしていいかわからず虚《むな》しい気分になる「空の巣症候群」に陥ってしまう人もいる。

かつてのように「良妻賢母」であること、そう評価されることを自己実現の目標としていた時代は、選択肢が最初から少ないぶんだけ、女性の幸せの形もわかりやすかったのかもしれない。価値観が多様化し「幸せとはなにか」を追求しなくてはならない現代は、母である時間もそうでない時間も、充実感を得ることが難しくなっているのかもしれない。

サイエンス・コラム⑤

細胞に備わった寿命時計

私たちの身体はたくさんの細胞の集まりだが、その細胞の寿命を決める要素として注目されているのが、テロメアという染色体内の構造だ。人間の体細胞は、五十回ほど分裂すると、それ以上は分裂できなくなってしまう。つまり、染色体の末端部にあるテロメアと呼ばれる部分がある一定の長さに達すると、細胞は分裂を停止するのだ。

このテロメアは、DNAの中でループのような形状で存在している。細胞分裂が行なわれるとDNAは複製されるが、そのたびにほんの少しずつ、末端が短くなっていく。DNAは、鋳型のように元の形がそのまま複製されるわけではなく、端っこが削り取られるような形で複製されていくのだ。だから何度も複製を繰り返していくにつれ、末端部分が少しずつ短くなり、やがてテロメアはループをつくることができなくなる。そうなったとき、細胞は分裂することをやめてしまうというわけだ。だからテロメアは「細胞分裂の回数券」「細胞老化」などと呼ばれることもある。

テロメアが短くなるにつれて細胞分裂の間隔も長くなり、細胞分裂が止まると細胞は増えない。よって体内の細胞の数はだんだん減っていき、身体の機能が低下していく……というのが「老化」のメカニズムのひとつではないか、という仮説がないわけではないのだが、テロメアだけで老化現象を説明できるわけではない。

ちなみに卵子や精子といった生殖細胞は、テロメラーゼというテロメアを合成してくれる酵素を持つため、そして大腸菌などの原核生物（核を持たない生物）は染色体が環状なのでそもそも末端がなく、テロメアがないので細胞分裂を停止することはない。

テロメアが細胞の寿命回数券だとしたら、細胞の積極的な自殺、プログラムされた死ともいえるのがアポトーシスだ（語源は枯葉）。私たちの手の指は、母親の胎内にいる間の初期には指の間の隙間がない。アポトーシスによって、プログラム通りに指の間の細胞が死んでゆくことによって、指は五本に分かれるのだ。

また、傷ついたり腫瘍化したりして、身体にとって不必要になったり害を及ぼすような細胞も、アポトーシスによって取り除かれる。

その代表選手は皮膚細胞。毎日ちょっとずつ頭垢《ふけ》や垢になってシャワーで流されてゆくのは、役目が終わったことを察して自ら去ってゆく細胞たちなのである。

では、こういった細胞の分裂停止や自死がなくなれば、寿命が延びたり老化を止めることができ、年々、あっという間にトシをとってしまうと嘆かなくてもよくなる……わけなどなく、テロメアやアポトーシスがなくなると、どえらいことになる。無秩序に細胞が増えて死ななければ、それは「腫瘍」と呼ばれるものになるからだ。紫外線や化学物質などの要因によって傷ついたDNAが修復されることもなく、アポトーシスすることもなければ、それがいつか変異遺伝子となって生命を脅かす存在となる可能性がある。テロメアを合成するテロメラーゼが何かの拍子に発現して細胞が無限に増殖し、腫瘍化する可能性も指摘されている（ただし、細胞の腫瘍化は上記の条件だけで起きるのではなく、いくつかの段階を経て遺伝子が変異することによって起きると考えられている）。

だからテロメアもアポトーシスも、私たちの生命活動を維持するのに欠かせないシステムなのだ。いつか必ず訪れる死。有性生殖という世代交代での生殖を選んだヒトの命は、身体の中で日々起きている細胞の入れ替わりと同じように、次世代にその場を譲るようにプログラムされているようである。

サイエンス・コラム⑥　寿命を1・5倍にすることは科学的に可能？

年々一年が速くなることとは直接関係ないかもしれないが、そもそも「何歳まで生きられるのか」は、古《いにしえ》からの大問題だ。

アンチエイジングという言葉をよく耳にする。日本語なら「抗加齢医学」となる。わたしも今年、人間ドックでお医者さんから「メタボですね。気をつけないと長生きできませんよ」と言われ、アンチエイジングについて真剣に考え始めた。

最近、たまたま日本抗加齢医学会副理事長で慶応義塾大学医学部教授の坪田一男さんとお目にかかる機会があり、アンチエンジングの現状について根掘り葉掘り質問させてもらった（ここでは書物から引用させていただく）。

驚いたことに、医学界の定説として、人工的に寿命を長くする方法がわかってきているのだという。

一九三五年、非常にユニークな発想を持つ人物が現れた。米国コーネル大学の栄養学者、クライヴ・マッケイ博士である。彼は実験用マウスの摂取カロリーを六五％に制限するという実験を行った。その結果、平均寿命が二倍近くに延びることを発見したのである。（『長寿遺伝子を鍛える』坪田一男著、新潮社、二十四ページ）

なになに、そんな昔から長生きの秘訣がわかっていたのか。六五％と書いてあるが、その後の研究で、腹八分目ならぬ「七分目」にすると、いろいろな生きもので寿命が一・五倍になることが実証されたのだという。

ただし、マッケイ博士の研究は時代を先取りしすぎていて、当時は理解されず、単なる変人と見なされていたらしい。

それにしても、なぜ、腹が減っていると長生きになるのか。これは、生きものが進化の過程で身に付けた適応の例なのだ。食べるものが充分あれば、大事なのはたくさん子供をつくること。でも、食べものが足りないときは、たくさん子供をつくっても生き延びる確率が低いから、自分が長生きをして、その場を切り抜けて、あとで子供をつくればいい。飢餓状態が続くと、生きものの身体では「長寿遺伝子サーチュイン」なるものが働き始めるのだという。

もっとも、常に腹七分目では嫌だ、という人もいるだろう。そのために、ふつうに食べながらサーチュインを目覚めさせる方法がいろいろと考案されている。詳しい長生きの秘訣については『長寿遺伝子を鍛える』をお読みいただければと思うが、遺伝子レベルで長生きのメカニズムが解明されつつあること自体、驚きだといえよう。

ちなみに、メタボリックシンドロームの場合、サーチュインによる長生きとは逆のメカニズムが働いて、短命になるらしいから、メタボ検診で黄色信号がともったら、冗談ではなしに対策を考えたほうがよさそうです。

2－7

第二章のまとめと仮説
……「今」が長くなり、右脳が支配的になる？

生きものの時間にもいろいろあるが、この章では、まずは物理学のスケーリングの考えと密接に関連する「ヒトの時間、ネコの時間」について考えてみた。これはもちろん名著『ゾウの時間 ネズミの時間』（本川達雄著、中公新書）へのオマージュである。

そこで明らかになったのは、少なくとも人間に近い生きものにおいては、体重（身体の大きさ）と心周期がカンタンな関数関係にあることだった。また、平均的に心臓が二十億回鼓動すると機能を停止することから、体重と寿命も不可分の関係にあることがわかった。

ネコのように小さな生きものの活動を観察していると、人間よりも頻繁に寝たり起きたりしている。彼らの心臓は速く鼓動している。そして、彼らの行動はすばしこく、寿命は短い。

同様なことは、ゾウのように人間よりも大きな生きものの行動を観察していても正しい。彼らの動きは緩慢で、心臓の鼓動は遅い（寝たり起きたりについては、二日おきに寝る、というようなことはないが！）。

ここから自然と出てくる仮説は、人間に近い生きものの「体感時間」は、身体の大きさと関係しており、身体が大きいほど体内時計は遅いので、周囲の動きについていけなくなるのではないか、ということだ。

だが、すでに第一章の終わりで述べたように、これでは、子供と比べて大人が「一年が年々速くなる」と感じる理由は説明できるが、大人がさらに歳をとるにつれて時間が足りなくなる理由は説明できない。

そこで、視点を変えて、ドイツの生理学者エルンスト・ペッペル博士の「百分の三秒仮説」と「三秒仮説」に注目してみた。

ペッペル博士は、人間の耳が百分の三秒以内に連続して発せられた音を区別できず、また、音や映像を見てから反応する時間が百分の三秒「おき」になっていることから、パソコンのクロック周期のような仕組みが人間の脳内にあり、その周期に合わせて周囲に反応するのだ、という仮説を立てた。つまり、人間が識別できる最も短い時間は百分の三秒だというのだ。

この最も短い時間のほうは、あまり「一年が年々速くなる」こととは関係していないようだが、もうひとつの仮説は可能性がある。それは、人間が「今」として「ひとまとまり」に意識を集中できることのできる時間であり、映画の一コマに相当する。ネッカーの立方体やメトロノームの実験などから、ペッペル博士は、人間の「今」の長さがおおよそ三秒だという結論に達した。

興味深いのは、この三秒には個人差があり、年齢を重ねると五秒、六秒と長くなる傾向があることだ（この点については、ソニーコンピュータサイエンス研究所が主催したシンポジウムの席でペッペル博士ご本人の口から聞いた）。

もしも、「今」が歳とともに間延びするのであれば、周囲の時の流れと比べて、仕事の進み方も遅くなるだろうし、周囲の物理的な時間（＝時計の針の進み方！）が年々速くなることも説明がつく。

この章では、ふたたび視点を変えて、脳卒中に見舞われ、左脳の言語機能と空間・時間感覚を失った脳科学者の体験を見てみた。ジル・テイラー博士によれば、左脳の後頭部にある「方向感覚」や「時間感覚」を司る領域が「血のプールで溺《おぼ》れて」機能しなくなったため、三次元の拡がりや時間の順番、すなわち、過去から未来へと続く「時間軸」のような時の流れが消滅し、彼女は宇宙と一体化し、脳内時計は「カタツムリのようなペース」

になってしまったという。これはかなり極端なケースだが、あっという間に時計の針が進んでしまい、自分は取り残され、周囲のみんなのペースについていけなくなる、という意味では「一年が年々速くなる」事例そのものである！

心臓の鼓動については、たしかに生物どうしの時間感覚の差を説明するのには有効でも、同じ人間どうしでの時間感覚の差を説明するのにはあまり使えそうにない。

ペッペル博士の「今」が三秒であり、それが年齢とともに五秒や六秒に伸びる、という仮説は、かなり魅力的だが、残念ながら今のところ、「今」をつくりあげるメカニズムが完全に解明された状態ではなく、あくまでも生理学・心理学の一実験の域を出ない。

ジル・テイラー博士の壮絶な体験からわかったことは、日常の仕事をせっせと処理する「時計係」は左脳にいるので、その機能がうまく働かなくなると、人はカタツムリのペースになってしまい、周囲の蜂の巣をつついたような速いペースに乗り遅れてしまう、ということだ。左脳はまた、細かいことにこだわり、言語や理屈にこだわる。それに対して右脳は、うるさい時計係もいず、全体像を見渡し、直観に頼る。

社会の指導者を見ていると、「年の功」という言葉もあるように、ある程度年輩でないと正しい判断ができないことが多い。若いときは、仕事も速いし細かい仕事も平気でこなすが、往々にして全体像が見渡せないために失敗してしまう。

これはもしかしたら、若者は左脳が活発に働き、歳を経るにつれて右脳が強くなるのではあるまいか。だとしたら、歳をとるとともに社会における地位も「細かい仕事」から「全体を監督するような仕事」に変わっていくことと、同時に「年々時間が速くなる」ことも説明がつく。

第二章の仮説

何らかの理由により、歳をとるにつれて、「今」の持続時間が三秒から五秒へと間延びするため、「今」が三秒の若者と比べて時間が足りなくなる。

歳をとるにつれて、左脳より右脳が支配的となり、脳がせかせかと働かずに全体像を重視するようになるため、若者と比べて時間のペースがゆっくりになる。

この仮説への疑問

ペッペル博士の「今」に関する仮説は非常に興味深いが、具体的な脳内メカニズムが解明されていない。

また、歳とともに左脳より右脳が考えや行動を支配する、という可能性は魅力的だが、脳卒中というような極限状況以外に、左脳の方向定位連合野の働きが落ちる医学的な根拠が（今のところ）知られていない。

第三章

実感から立てた「5つの仮説」を考える

3－1

アンケートに表れた大人の意外な感覚

物理学の時間、生きものの時間の分析を（とりあえず）終わり、この章では、より生々しいケーススタディ、すなわち「人々が時間をどう感じているか」を考えてみたい。

この本をまとめるにあたり、大勢の方々にアンケートに協力していただいた。わたしは、厳密な意味での社会学の調査をやるつもりはなく、統計学的に何らかの結論を出すつもりもない。しかし、なるべくいろいろな職種と年齢の方々にアンケートを実施し、そこから、時間が年々速くなる理由を人々がどのように考えているか、読み取ろうと努めた。その意味で、この章の話は（科学の言葉でいうならば）量的というよりも質的な話に終始することを、あらかじめお断りしておきたい。

さて、アンケートで特に目立った回答から見ていくことにしよう。

質問　あなたは、年々一年が速く過ぎるようになったと感じますか？　感じる場合、それはなぜだと思いますか？

「三十代から感じるようになった。人生のうちで一年間という時間が占める割合がどんどん少なくなっていくから」（三十代後半　会社員男性　配偶者あり　子供あり）

「六十五歳を過ぎてから感じるようになった。過去がたくさんあるから。子どものときは知らないことがたくさんある未来を感じていたが、今は物事に興味がなくなり、同じことの繰り返しが多くなり、過去だけを感じる」（七十代前半　無職女性　配偶者なし　子供あり）

「五年くらい前から感じるようになった。一説によると、体感時間は今まで生きた年数で割ったもの（例えば四年生きた場合は一年は人生の四分の一だが、十八年生きると一年は人生の十八分の一になる）と言われますが、個人的には子供のころは何も考えておらず、ただ時間を味わっていたから長かったのだと思う」（二十代後半　研究職男性　配偶者なし　子供なし）

興味深いことに、年齢や性別を問わず、その人の人生の長さで一年を割ったものがその人にとっての一年の体感時間だ、という考えがあるようだ。実はこの感じかたは、心理学者マリリン・ダブカスの研究により、有力な仮説となっている。ダブカスは面接調査を通じて、人々の体感時間が人生の長さに反比例することを見出したのだ。

確かにこの仮説は多くの人々の実感に支えられており、法則自体は正しいように思う。だが、こういった仮説は「表面化した結果」であり、往々にして、さらに深い隠れた理由から生じることがある。そのことを念頭に置いて、さらなる分析を続けよう。

「十年くらい前から感じるようになった。年齢のせい。やること、やりたいことがいっぱいあるので」（五十代前半　会社員男性　配偶者あり　子供なし）

「六十歳くらいから感じるようになった。仕事や日常生活のペース（能力）が遅くなったので、相対的に年々速くなる」（七十代後半　自由業男性　配偶者なし子供あり）

この二人の場合は、年齢こそ一世代違うものの、共に加齢により仕事をこなす能力が落ちたため、それまでのように仕事がこなせなくなり、年々一年が速く過ぎると感じている。女性の場合でも同様の傾向が見られ、こんな証言があった。四十代後半の女性である。

「若い頃は、自分より年上の人の行動が遅すぎると感じることがよくあったの。夕飯前に一息つく、とかね。でも今、自分が歳をとってみて、その気持ちがよくわかる。仕事を終えて買い物して家に帰ってきて、そのまますぐに台所に立てば、後で夕飯の支度に慌てなくて済むのに、あと一時間、あと三十分だけ休もうって思っちゃうのね。そうしないと、身体も気持ちももたないの」

どうやら、男性も女性も「歳をとった」と感じるころから、一年が短くなっていくようだ。が、「歳をとった」と感じる年代は、男女に差があるようだ。

ひとつには、女性のほうが容貌の変化に敏感だからではないだろうか。女性の多くが毎日のように鏡を眺めては、しみ、皺《しわ》、年齢肌、ほうれい線等々、自分の加齢の具合をチェックする。だから小さな変化にも気づきやすく、歳をとったことを実感しやすい。しかし男性は、例外はあるにしても、女性と比べて、鏡をじっくり見て自分を観察するということはそんなに頻繁ではない。自分の容貌が以前より年老いて見えるようになるのは、だいぶ「歳をとって」からだろう。

いずれにせよ、男女ともに加齢により時間感覚が変化する事例が多く認められる。

スポーツインストラクターをしているわたしの妻によれば、一時間あたりの運動量は、年齢が上がるごとに少なくなる傾向がはっきり見られるという。エアロビックダンスは有酸素運動なので、心拍数を一定に保ちながら運動を続けるのだが、そのために音楽を使ってテンポを調整する。若い人中心のクラスであれば一五〇ＢＰＭ（一分間に一五〇回テンポを刻む）～一三〇ＢＰＭの音楽を使うが、中高年になると最高でも一四〇ＢＰＭ、高齢者中心のクラスは一二〇ＢＰＭくらいを目安にするのだという。

同じ一時間のレッスンだが、音楽のテンポが遅くなればなるほど運動量＝作業量は減る。トレーニングによって速い音楽に合わせて動くようになるのは可能だが、たとえば足踏みひとつにも身体能力の変化がちゃんと現れ、足をあげることのできる高さは、加齢とともに自覚がないままに小さくなっていくのだという。

「ここ二〜三年。仕事が忙しくなり、常にノルマに追われるようになったからではないか」（三十代後半　会社員男性　配偶者あり　子供あり）

「三十四歳くらいからでしょうか。仕事の多忙さ、義務感などにより、日々が単調になったからかと。未来を楽しみに待つ、変化に富んだ毎日を過ごす、感受性にブレーキをかけずに過ごす、といったことも、歳と共に少なくなっていて、関係あるかもしれない」（三十代後半　会社員男性　配偶者あり　子供なし）

この二人は、共に三十代後半の働き盛りだが、義務感・ノルマ・単調といった表現が気にかかる。文面からも、仕事に対するワクワク・ドキドキ感が薄れ、日々の仕事をルーティンとしてこなさざるを得ないという印象を受ける。明らかに、「人生の長さ＝加齢」のグループとは別の理由で、一年が短くなっている。

「妊娠し、出産してから感じるようになった。子供ができてから、育児・家事とやっているうちに一日が過ぎていくのがあっという間！」（二十代後半　主婦女性　配偶者あ

り　子供あり）

「二十歳を過ぎてから徐々に感じるようになった　子供を産んだら特に」（二十代後半主婦女性　配偶者あり　子供あり）

この二人は、前出の三十代後半男性とはかなり対照的だ。子供ができて生活が激変したのである。会社などに行くことがなく、一日のほとんどを育児と家事に費やしているが、実は育児も家事もいわば終わりのないノルマであり、日々の作業は同じことの繰り返しであることが多いので、子供の成長という変化を除いてはかなり単調だといえよう。

生活形態は大きく違うのに、先の三十代後半男性の群と同じような理由で一年が短くなっている。

サイエンス・コラム⑦　仕事の時間帯と時間感覚の関係

ここまで見てきて、時間が速く感じるのにもいろいろなパターンがあることがわかったが、働く時間帯によっても時間の感じかたは影響されるらしい。夜勤から昼勤へ（またはその逆）就労時間がシフトした人々を見てみよう。

質問　働く時間帯によって、時間の過ぎかたが変わったと感じますか？

「仕事の形態が昼から深夜〜早朝だったのが、朝〜夜へ変わった。その結果、特に昼から夕方にかけて時間の経ちかたが速くなった」（三十代後半　研究職男性　配偶者なし　子供なし）

「夜勤の夕方〜明朝は、日勤より時間が経つのが遅く感じる」（五十代後半　主婦女性　配偶者あり　子供あり　以前は看護師）

昼が忙しなく、速く過ぎるのに対して、夜はゆっくりと時が流れる傾向があるようだ。わたし自身は物書きなので、深夜仕事をすることが多いのだが、やはり同様の感覚がある。夜は時間がたっぷりあり、たくさん仕事ができるような気がする。

ところが、実際に書くことができる原稿の枚数を調べてみると、驚いたことに、昼間と夜中とで大きな差はない。それにしても、なぜ仕事の効率は変わらないのに、夜のほうがゆっくりと時が流れるのだろう？

ひとつの推測は、夜は環境の変化が少ないから。昼間は刻々と太陽の位置が変わり、部屋の明暗も変わり、車の騒音や人の気配なども変わる。夜になると、多少の変化はあるものの、外が暗いことに変わりはなく、深夜ともなれば物音も少なくなる（繁華街を除く）。

どうやら昼と夜の時間感覚の差は、「単調」「変化」といったキーワードが効いてくるようだ。

あれ？　おかしいじゃないか。先ほど、単調だと時間が速く過ぎてしまう、という三十代男性や子育て中の母親の意見を見たばかりなのに、単調な夜は短いどころか長いとはこれいかに？

これはもちろん、周囲の環境が単調なのか、それとも自分自身の仕事が単調なのか、による違いだろう。

夜の単調さに関しては、太陽が大きく関係していると推測される。太陽の光は、人間の一日である二十四時間の生活リズム、概日時計をリセットし、ズレを補正してくれる役目を果たす。

電気の明かりの下での生活が長いわれわれは、太陽の影響について気づくことは少ないが、日中の活動において、太陽の位置が変わることで時間経過を感じ、日没までの残り時間を感じとる。曇天のときでも、ほんの少しの明るさの加減や気温変化によって、時間の経過を感じているのだ。つまり日の出から日没までという時間帯は、とても変化に富んだ環境なのだ。

3－2

鈴木光司の時間
……「時間が速くならない工夫」とは？

次に、匿名のアンケートではなく、わたしが普段から懇意にさせてもらっている著名人の時間感覚をご紹介したい。作家の鈴木光司さんである（以下、敬称略）。鈴木光司は、ご存じの通り、『リング』（角川ホラー文庫）、『楽園』（新潮文庫）、『なぜ勉強するのか？』（ソフトバンク新書）など、小説から子育て、教育まで、幅広い著作で知られる。現代日本を代表する作家だが、プライベートでは、ヨットで荒海を航海したり、格闘技にのめりこんだりと、「多彩」な時間の使い方をしている。

わたしはたまたま、小説『エッジ』（角川書店、近日刊）の科学的な内容の話し相手になってくれと言われ、初めてお会いして以来、なぜか意気投合し、仕事とは関係なしに、頻繁に昼食を供にするようになった。お互いの仕事の中身から、日本の教育システムや政治情勢など、さまざまな話題について語り合うが、「一年は年々速くなるかどうか」についても、品川で飯を食いながら質問をぶつけてみた。すると、実に興味深い答えが返ってきた。

「オレは時間が年々速くならないように工夫してる」

工夫？　この答えは、匿名アンケートにはなかったものなので、わたしは少なからず驚いた。これまで、時間の経ちかたについては、われわれがコントロールできるものではなく、われわれの時間感覚も（時間の）なすがままに翻弄されるしかない、という暗黙の了解があったように思う。ところが鈴木光司は、時間の流れをコントロールすることにより、流れを速くしたり遅くしたりできるという。

「いったい、どうやるんです？」

わたしの問いに、鈴木光司はこんなふうに応えた（以下、本書の読者へのメッセージとして、ご本人の言葉をそのまま掲載します）。


とにかく、一日単位、一週間単位、月単位、年単位で、ルーティーンに陥らないよう注意することです。幸運にも、ぼくは作家なので、それが可能なのです。たとえば一日を例に挙げれば、午前にラジオ番組で聴取者の人生相談に乗り、昼に竹内くんとランチをとりながら教育問題や物理、哲学について話し、午後に執筆して、夜には家族団欒と、様々な種類のことをやれば、夜、ベッドに入って一日を振り返ったとき、長かったと感じるはずなのです。こういった変化の多い一日一日を積み上げて、さらに週ごと、月ごとにバリエーションを持たせれば、一年は長いと感じられる。人生八十年としてその物理的長さが決まっているとしても、生き方によって時間に対する印象は長くも短くも変わるもの。人生全般に流れる時間をより濃密なものにし、充実させるのが、生きる上でのぼくの目的でもあるのです。

逆に、何もせず退屈な時間を送った日、あるいは多忙でも達成感のないルーティンワークに終始した日は、どうしても時間の流れが速くなってしまうという。しかしこれは、少し変ではないのか。第一章の終わりに引用したアインシュタインの言葉をもう一度思い起こしてみよう。

熱いオーブンに一分だけ手を置いてごらん。それは一時間に感じられるだろう。きれいな女の子と一時間座っていてごらん。それは一分に思われるだろう。それが相対性ってことさ。

誰がどう考えたって、退屈な時間は長く感じるし、楽しい時間はあっという間に過ぎてしまうではないか。鈴木光司の言っていることはアインシュタインの言葉とは正反対のように思われる。わたしが怪訝《けげん》そうな顔をしていると、彼は、

「『魔の山』の上巻に、竹内君が探している答えが書いてあるよ」

と教えてくれた。わたしはさっそく本屋に行き、『魔の山』を買ってきた。パラパラとページをめくると、こんな一節が目に留まった。


一瞬間、一時間などという場合には、単調とか空虚とかは、時間をひきのばして「退屈なもの」にするかもしれないが、大きな時間量、とほうもなく大きな時間量が問題になる場合には、空虚や単調はかえって時間を短縮させ、無に等しいもののように消失させてしまう。その反対に、内容豊富でおもしろいものだと、一時間や一日くらいなら、それを短縮し、飛翔《ひしょう》させもしようが、大きな時間量だとその歩みに幅、重さ、厚さを与えるから、事件の多い歳月は、風に吹き飛ばされるような、貧弱で空虚で重みのない歳月よりも、経過することがおそい。（『魔の山』（上）トーマス・マン著、高橋義孝訳、新潮文庫）

ここでトーマス・マンが言っている、短い時間と長い時間で感じ方が逆になる、というのは、何かをやっているときと、後から全体の時間を振り返ったときでは感じ方が逆になる、と言ってもいいのではないだろうか。アインシュタインはその場の短い時間の感じかたを語っているのであり、鈴木光司は後から振り返った全体の時間のことを言っているのだ。

何かをやっているときの時間の感じかたと、後になって回顧するときの時間の感覚は、往々にして逆になる。楽しいことをやっているときは、時間の流れを意識しないから、あっという間に過ぎるけれど、後になって思い出すと、そこには充実した時間が横たわっている。逆に、退屈で欠伸《あくび》が出そうなときは、一向に時間が過ぎないことに苛立《いらだ》つけれど、後で思い出そうにも時間の中身が空っぽで、何にもないことに気づく。

この本の主題である「一年は、なぜ年々速くなるのか」というときの時間は、その場の時間ではなく、後から振り返った時間全体のことだ。となると、アインシュタインも鈴木光司も、実は同じことを言っていることになる。つまり、時間が速く流れるのを防ぐためには、「変化に富んだ出来事」と「達成感」もしくは「充実感」が必要なのだ。

ところで、『魔の山』には、せわしなく過ごしているのに全体的な時間が過ぎるのが速いと感じる原因についても書かれていた。

習慣とは、時間感覚の麻痺を意味する。あるいは少なくともその弛緩《しかん》を意味する。青春期の歩みが比較的ゆっくりとしているのに、それ以後の年月が次第にせわしい急ぎ足で流れすぎていくというのも、この習慣というものに原因があるにちがいない。新しい習慣を持つことや習慣を変えることなどが、生命力を維持し、時間感覚を新鮮なものにし、時間の体験を若返らせ強め伸ばす。（後略）（前掲書）

ここでの「習慣」は現代風にいうならば、ルーティンワークのことである。人は半ば自動的に、同じような毎日を繰り返しはじめる頃から、一年が速く過ぎ去るようになるのだ。

３－１節のアンケートでも、三十代男性と子育て中の母親から、同じような意見が出ていた。

よく、事実は小説より奇なり、というが、小説にこそ人生の秘密が隠れているのかもしれない。鈴木光司の話と『魔の山』の時間分析は、多くの人の実感を見事に説明する。

サイエンス・コラム⑧

退屈は心を苛《さいな》む？

退屈な時間は、過ぎるのが遅い。これは誰でも経験のあることだと思うが、退屈も度が過ぎれば、時には生きる気力すら奪うこともあるという。退屈な時間は、いつになったらそれが終わるのか、誰にも予測できない。

楽しい時間は「終わらないで」と願いつつもあっという間に終わってしまうのに、退屈な時間のほうはといえば、このまま終わらないという可能性はまったくないわけではなく、それを考えただけでもうんざりする。退屈そのものがうんざりする類の性質なのに、退屈だと感じれば感じるほど精神的なエネルギーは低下してさらにうんざりする、という悪循環に陥るやっかいなループを作り出すのだ。

ロバート・レヴィーン著『あなたはどれだけ待てますか』（忠平美幸訳、草思社）によれば、「退屈が病的なまでに極端になると、絶望感が生じる。（中略）うつ病患者の精神的な速度低下は、それ自体が悪循環を引き起こす。速度の低下によってうまく行動できなくなり、そのことが未来への絶望をもたらし、ひいては努力をあきらめさせることになるかもしれず、これらのすべてがさらなる精神的速度低下につながるのだ。最悪の場合、未来などない、今の苦痛が永遠に続く、との確信から自殺にいたるかもしれない」（六十二ページ）とあり、実際、うつ状態で通院し投薬治療を受けていた人に聞いてみると、

「どうしようもなく身体が動かなくて、まばたきすらも苦痛に感じるこの状態が、この先、いったいどれくらい続くのか、死ぬまで続くのか、まったく先の見えない絶望感と、そんなふうに怠惰に過ごし、何もできない自分に対する自己嫌悪に苛まれ、この苦しさが寿命が尽きるまで続くのなら、いっそここで終わらせたい」

と常に感じていたという。

アンケートの中で、長期の入院をした方がその当時と現在の時間感覚について書いてくれた。

「入院中は時間が長く感じた。病気が重かった時期より、安定期のほうが時間の経過が長かったように感じる。何も変化の起こらないときのほうが、時間がゆっくりたつように思うのか

もしれない」

病気が一進一退の状況のときよりも、容態が落ち着き、身体が少しずつ回復していく時期のほうが時間を長く感じている。一進一退という状況はいうなれば変化が多いということであり、それに対して回復期は、劇的な変化を伴わないかぎり、緩慢で我慢を強いられる時期だといえよう。だが、それをじっと耐えることもまた、必要なときがあるのだ。この方は、病気を克服しつつある現在の心境を次のように語る。

「復職後は、自分が感じるよりもずっと速く時間が過ぎているように感じる。早く元のペースで仕事ができるようにと、気が急《せ》いているからのように思う」

早く病気以前のように戻りたいのに、身体は思うとおりには回復していない。まだ復職して一年もたっていないように思えるのに、実際には時間がもっと経過している。

時間が足りない、もっと欲しいと思えば思うほど、時間は速く過ぎ去ってしまうのに、一度精神的な時間が停滞してしまうと、退屈がさらなる停滞を呼び込み、永遠に続く苦痛とも感じることがある。そうなったとき、退屈な時間は心を静かに苛んでゆくのだ。

3－3

「ルーティンワークをコントロールする」という考え方

どうやら、工夫次第で、時間の流れはコントロールできるらしい。

でも、仕事そのものがルーティンワークの場合はどうすればいいんだ。誰もが鈴木光司のようなベストセラー作家じゃないんだから、変化に富んで、いろんなことを成し遂げる充実した一日を自分で作れるような状況にあるわけじゃない！

読者の罵声が空耳となってわたしの脳裏に響く（汗）。

だが、どうか、ここで本を読むのをやめないでいただきたい。なぜなら、ルーティンワークというのは仕事そのものについて言っているのではなく、仕事への接し方についてのことなのだから。

わたしが家に帰って、鈴木光司との時間論の話を吹聴していると、

「ファーストフードのアルバイトだって捨てたもんじゃないわよ」

という、意表をついた答えが妻から返ってきた。

「結婚する前、アタシがどんなバイトしてたか知ってる？」

「……さあ」

「ドーナツ屋で毎日毎日、油まみれになってたの。それこそ、開店業務から終業の掃除まで、全部がマニュアルで決められていて、それに沿ってさえいればお店はそれなりに回るし、むしろマニュアルにないようなことをしたら、怒られちゃうような仕事。まさにルーティンワークよね。そういう仕事、したことある？」

「ごめん、クリエイティブな仕事しかしたことないもんで」

（注：あくまで妻との会話であり、実際のわたしの三十代は、ひたすらコンピュータ・プログラムを書くことと大学の非常勤講師に明け暮れた。今から考えても、かなりしんどいシフトだった。ルーティンワークの典型で、過酷だったように思う（涙）。）

閑話休題《それはさておき》。妻によれば、マニュアル通りに仕事をこなすことが要求される仕事で、しかもそれが暇なときというのは、その時間の流れかたの遅いことといったら拷問に近いほどだという。

「何度時計を見ても、針が全然進まないの。もう十分経ったと思って時計を見ると、一分も経ってないなんてこと、ザラよ」

しかし、その状況をそのまま受け入れていては、拷問のような時間の流れにただ悶えるだけだと考えた妻は、あれこれと工夫を凝らすようになったのだという。

「たとえばドーナツをきれいに並べるとか、ナプキンの折り目を揃えておくとか、誰も掃除をしたがらない排水溝にチャレンジしてみるとか、大それたことじゃないし誰にも褒《ほ》められないけど、自分が満足できる『何か』をとにかく見つけて、それを徹底的にやるの。評価されるかどうかは二の次で、お客さんのためになるかどうかっていうのも、実はどうでもよかったりするの。ただ、お店にいる間にできることって、だいたいお店かお客さんのためにはなるんだけど」

アルバイトがある日を「今日一日働けばいくら」と考えるだけでは、とても気力が続かない。些細《ささい》なことでも、自分が受け持つルーティンワークに変化を持たせ（マニュアルから逸脱しない程度にではあるが）、今日はこれをやった、あれをしたと、その日の印象を残そうとしたという。

「じゃあ、今はそういうことをしてないわけ？」

妻は現在、スポーツインストラクターをしている。その仕事がどんな内容なのか、わたしはよく知らないのだ。

「イントラの仕事は、ある意味クリエイティブだからルーティンワークじゃないけど、それでもちょっと気を抜いたら、同じことの繰り返しに陥る危険はいっぱいよ。自分や仕事に甘くなったら、すぐにね。でも、そういうのはどんな仕事でも一緒でしょ」

確かに、作家という仕事も、ちょっと油断をすればマンネリ化の危険がある。

「それに仕事はイントラだけじゃないもん。毎日、夕ご飯を作るのだって、これ、ルーティンワークでしょ」

でも、毎日、献立はちがうよな。一緒に御飯を食べる親父もいつも感心してるけど。

「夕ご飯なんて、サボって手を抜こうと思えばこれ、いくらだってできちゃうの。お総菜を買ってきたほうが美味しいときもあるし。でもアタシの中では、イントラのレッスンがその日のメインだとしたら、夕ご飯はクライマックスなのね。限られた時間の中で、どれだけ手を抜かず、好みが全くちがう男二人を相手に、どれだけ美味しいと思わせるか。自分が目指す味つけや盛りつけにどれだけ近づけるか。そんなふうに考えでもしないと、毎日毎日、ご飯なんか作ってられないもの」

ついでにいえば、そうやって作った食事の印象を強くして、このときはこんなものを作って食べた、という記憶と日々の記憶をつなぎ合わせておくらしい。

「そうすれば、あのときよりも今のほうがハッピーだから、きっと美味しく作れるし、美味しく食べられる、とかって計画できるから」だそうである。

ルーティンワークは、どうやら、仕事により仕方のないもの、というよりは、本人の気の持ち方次第だということがわかる。

もちろん、創意工夫をしても、相手が無反応だったりすると、徐々にやる気を失って、本当のルーティンワークになってしまう、なんてこともあるだろう。

しかし、誰がやっても、まったく工夫の余地のないルーティンワークよりは、工夫次第でマンネリに陥らないようにすることが可能なことのほうが多いはず。

サイエンス・コラム⑨　江戸人の時間感覚

現代の日本人がせわしない毎日を送っているのは周知のことだが、むかしの人々も同じように大変だったのだろうか。

江戸の考証で有名な三田村鳶魚《えんぎょ》が江戸から明治の時間感覚についてこんなことを書き残している。

よく私どもの若い時分に、日本人は、集会するのでも、出勤するのでも、時間が疎漏でいけない、そこへゆくと、西洋人は正確だ、と言って叱られたものですが、これには時計の関係も大いにある。（中略）夕景に参上します、と言った場合でも、昔流に言えば、申・酉・戌の六時間のうちに行けば差支ない。しかるに、待っている方は、西洋式に何時何十分のつもりだとすると、大分話が違っている。（『江戸の生活と風俗』三田村鳶魚著、朝倉治彦編、中公文庫、七十七ページ）

だれでも知っている干支《えと》の子《ね》・丑《うし》・寅《とら》……の各々が二時間の幅を持っていて、それぞれが「一時《いっとき》」なのだ。で、朝、昼、夕、夜のそれぞれが六時間の幅を持っている。

実に悠長な話だが、少なくとも、現代日本のようなせわしない時の経過ではなかったようではある。

しかし、江戸時代でも江戸っ子の気の短さは有名だったようだから、地域によっても差があったにちがいない。

3－4

好奇心や「記憶に残る時間」が一年を長くする？

先日、雑誌の対談の仕事で脳科学者の小泉英明さんと、時間について話をする機会があった（対談自体のテーマは時間とは縁もゆかりもないものだったが、対談終了後、個人的に話を伺ったのである。以下敬称略）。

光トポグラフィという脳の計測で有名な小泉英明（日立製作所フェロー）は、時間の流れに対するわたしの問いに次のように答えてくれた。

私は時間には二種類あると思います。まずニュートン的な、いいかえるとエネルギー的な時間。もうひとつは、ベルクソンのいうところの純粋持続、いいかえるとエントロピー的な時間です。われわれ人間が感じている時間の流れは、ベルクソン的、エントロピー的時間なのだと思います。その意味は、手続きの積み重ねが時間を作る、ということ。一日のうちにいろいろな出来事を体験すると、それが手続きとして記憶さ

れ、時間は長くなるはずです。逆に、記憶に残るような手続きがないと、一日は速く過ぎ去る。

ちょっと解説が必要だろう。

ニュートンの時間というのは、第一章に出てきた時計ではかる時間のことであり、それがエネルギー的というのは、たとえば一日が二十四時間という、一定量の時間とみなされるという意味だろう。物理学では、システム全体のエネルギーは一定であり、ニュートン的な時間は、一定量の時間に分とか秒とかいう目盛りを刻んだものにすぎない。ちょっとわかりにくいかもしれないが、アナログ時計の文字盤が三六〇度（十二時間）で一定なことを思いだせば、ニュートン的な時間の意味も一目瞭然だろう（日によって、時計の一周が四〇〇度になったり、一二〇度になったりしたら、大混乱である！）。

いっぽう、ベルクソンの純粋持続というのは、われわれが意識の中で「流れている」と感じる時間のこと。それがエントロピー的であるとは、一定ではなく、常に増え続けることを意味する（第一章も参照）。

また、小泉英明のいう手続きの積み重ねとは、別に難しいことではなく、その日のうちに起きた出来事（手続き）が記憶の中で積み重なる、という意味だろう。してみると、小泉英明がいう時間感覚は、鈴木光司やトーマス・マンやわたしの妻が語る時間感覚と、言葉はちがえど同じといっていいかもしれない。
子供のころ、家にあった機械仕掛けの時計をバラバラに分解し、見事に組み立て直した経験のある小泉英明は、研究人生も常に好奇心の塊で、変化に富んでいる。小泉英明の日々の手続きの積み重ねは分厚く、むろん、年々一年が短くなることはない。

（注：ここで「エネルギー的」、「エントロピー的」、「手続き」といった言葉の解釈は竹内 薫によるものであり、引用部分の文責も竹内にあります。）

サイエンス・コラム⑩　**ニュートンの時間とベルクソンの時間のちがい**

哲学が多くの人に敬遠されるひとつの理由はその「用語」の難しさにある。ベルクソンの「純粋持続」は「ピュアに続いている感じ」とでもいいかえれば怖くなくなるかもしれない。

これは決して難しい概念ではなく、「現代人が抱いている時計ではかる、直線に目盛りを振ったような時間」に対する反論であり、「あなたが時計なしに心で感じている時間のこと」なのである。

まあ、時計は丸いことが多いので、直線的というのも変かもしれないが、過去から未来へと整然と並べられた時間、つまりニュートン的な時間に対して、ベルクソンは「みんなが実感している時間」を思い出すよう主張しているのだ。

ここで、「あれ？　前に出てきた脳卒中になっちゃった脳科学者が同じようなことを言っていなかったかしら?」と思われたあなたは慧眼な読者だ。

ジル・テイラー博士は、左脳の時計係がいなくなると、時間を順序よく並べることができなくなり、「今」だけを感じるようになった、と書いていた。もしかしたら、ベルクソンのいう純粋持続は、テイラー博士が体験した右脳の時間なのかもしれない。

たまには、目を閉じてじっと心で時の流れを感じてみるのもいいかもしれない。

3－5

第三章のまとめと仮説
……カギは「達成感」「変化」にあり？

この章ではさまざまな仮説が登場したので、まずは、仮説を列挙して整理してみよう。

仮説1　一年の体感時間は年齢に反比例する（ダプソン仮説）

仮説2　加齢とともに仕事の効率・達成率が落ちて、時間に取り残されていくと感じる（加齢による効率低下仮説）

仮説3　忙しすぎて毎日が単調なルーティンになってしまうため、時間が速く感じる（ルーティン仮説）

仮説4　人生に変化をつけ、充実度、達成感をあげることにより、時間を堪能することが

できる（鈴木光司仮説）

仮説5　記憶に残るような手続きの積み重ねが、一日、一年の体感長さを決める（小泉英明仮説）

最初のダブソン仮説については、たしかに単純明快な法則のように思われるが、その真の原因は、別のところにある可能性が高い。

次に、加齢により仕事の達成率が落ちる、という仮説はどうだろう？

経済学に「収穫逓減《ていげん》の法則」というのがある。会社の売り上げは、最初は順調に右肩上がりに伸びるが、ある時点で、急に平坦になって成績が上がらなくなる、という法則だ。

さまざまなコストがかかったり、競争が激しくなったり、市場が飽和したりと、いろいろな理由があるようだが、人生のある段階で収穫が逓減するのは、（本人は加齢が主な原因だと感じているかもしれないが）周囲の環境から必然的に生じるものかもしれない。実際、年齢を重ねても「一年が短くならない」人もいるわけだから、加齢だけが原因と断じるには無理があるだろう。

ルーティン仮説、鈴木光司仮説、小泉英明仮説は、互いに密接に関連している。小泉英明は、「ルーティンの繰り返しは、記憶に残らないので、時間が速く感じるのではないか」といっている。つまり、「達成感」、「変化」、「記憶に残る手続き」というものが鍵なのであり、もしかしたら、長年、同じことを繰り返していることにより、変化や達成感が薄れ、手続きが記憶に残らなくなる、というのが、仮説1と仮説2の真の理由かもしれない。

一見、バラバラに見える五つの仮説は、案外、深いところでつながっているようにも思われる。

第四章

一年は、なぜ年々速くなるのか

4－1

物理学の難所「ブラックホールの時間」

これまでの三章で、物理的な時間、生きものの時間、そしてみんなが実感している時間について考えてきたが、あとの二つについては、あえて、生物学的時間、社会学的時間という難しい言葉遣いをできるだけ避けるようにしてきた。

その理由は、まず、生物学で「体内時計」というときは、ほとんどの場合、二十四時間を刻む概日リズムのことを指すのに対して、本書では「体感時間」を扱っているためだ。

また、みんなが実感している時間についても、社会における時間（時間割、バスの時刻表、出勤時間、退社時間、終電の時間など）が、われわれの体感時間を短くしているというよりは、むしろ、個人の生活態度や気の持ちようのほうが重要な要素だと思われるからである。

いずれにせよ、本書は一般向けの科学エッセイという位置づけであり、厳密でお堅い「学問ではないことを、改めて強調しておきたい。

なにやら、前置きが長くなったが、この節では、まず、物理的な時間について「体感時間」という観点から、言い残したことを含めて考えてみたい。

言い残したことの筆頭は「ブラックホールの時間」だ。なぜかといえば、ブラックホールに入ってゆく探検隊の隊員たちの体感時間と、その様子を心配そうに遠くの宇宙ステーションから眺めている人々の体感時間には大きな差があり、宇宙物理学を学ぶ学生が「そんなことありえない！」と頭を抱えて泣き叫ぶ難所であり、この際、読者のみなさんにもこの有名で「理解しがたい話」を伝えておきたいと思うからだ（第一章では、いきなり難所というのも難儀なので、封印しておいたのだ！）。

次のようなシチュエーションを想定してほしい。

シチュエーション　あなたは宇宙飛行士で、ブラックホール探検隊に志願した。あなたはかなり勇敢だ。なぜなら、「ブラックホールの中に入ったら、二度とこの宇宙には戻れない」という学説が有力であり、場合によっては、強い重力により最終的には潰れてしまう可能性も高いからだ（ただし、ブラックホールが別の宇宙への入口になっている、という可能性もゼロではない）。

ブラックホールはふつうの天体のように球形をしているが、堅い表面やガスの表面ではなく、「事象の地平線」という名前のついた、奇妙な表面を持っている。

探検隊が事象の地平線を通過して、ブラックホールの中に入ってゆくとき、特に変わったことは起きない。事象の地平線では、まだ重力もさほど強くないので、隊員であるあなたの身体が潰れることもない。また、あなたがつけている腕時計もふつうに時を刻んでいる。そして、有限の時間で、あなたはブラックホールの真ん中に到達し、そこで初めて、スパゲティのように長く引き伸ばされて死ぬか、いきなり遠く離れた宇宙に出るか、つまり、ブラックホールの秘密を知ることになる。

ところで、このミッションが志願制になっているのには理由がある。ブラックホールは、どんな物質も呑み込んでしまう性質を持っており、いったん事象の地平線の中に入ったら、絶対に後戻りできないのだ。

探検隊の隊員同士で、体感時間には差があるかもしれないが、少なくとも、隊員と宇宙船のすべての時計の進み方にバラつきは出ない。その意味では、日常生活とまったく変わらない時間が流れている。これを「時間1」と呼ぶことにしよう。

ところが、遠く離れた宇宙ステーションに残り、あなたがブラックホールに吸い込まれてゆくのを観察しているわたしからすると、あなたの時間にはとんでもないことが起きている。宇宙ステーションの人たちがつけている腕時計やステーションの時計の進み方を「時間2」と名づけよう。

なんと、時間2の進み方と比べて、時間1のほうは徐々にスローモーションになり、宇宙船が事象の地平線に到達するころには完全に止まってしまうのだ！

いったい何が起きているのか。

実は、これこそがアインシュタインの「相対性」のきわだった例なのだ。宇宙には無数の時間が存在する。今の場合、あなたがつけている腕時計の時間1とわたしがつけている腕時計の時間2とは、進み方がちがう。それは、あなたが重力にさらされているからである（第一章で、重力があると時計の進み方が変わる、と書いた）。

もちろん、どちらの時計が正しく、どちらかが狂っているわけじゃない。互いに「相対的」なだけである。

しかし、時間2を使っているわたしから見ると、あなたの時計1は次第にゆっくりになって止まるわけだから、当然、あなたの動きや報告のための通信の時間間隔も間延びするはず。徐々に身体の動きがゆっくりになってしまい、あなたは苦しくないのだろうか？

いやいや、ご心配めさるな。あなたの体感時間は、基本的にはあなたの腕時計の進みかたに近いため、自分がスローモーションになっていることには気づかない。

いかがだろう？　この話は、アインシュタインの相対性理論の教科書には、たいてい載っているものだが、初めてこの話を聞く学生は、みんな首をかしげる。それは、学生が「宇宙には時間はひとつしかない」というニュートン時代に確立された説しか知らないからであり、「宇宙にはたくさんの時間がある」とアインシュタインが唱えたことを高校までに一度も学校で教わらないからだ。

とにかく、時間の流れについて、物理学では、かなりショッキングな事例があるわけだ（重力により、時計の進み方に差が出ることは、GPS衛星で実証されている！）。

4－2

「体感時計」はどこにあるのか？

生きものの時間についても、まずは言い残したことから確認しておきたい。第一章の終わりで、体内時計が身体のどこにあるのか、という問いを発しておきながら、第二章では、あまりこの点に触れなかった。コラムで生物学者のいう体内時計（概日リズム）の場所が、脳の視床下部の視交叉上核という場所にあると書いたが、本書で扱っている「体感時計」の場所はどこなのか？

まず、ジル・テイラーが経験した、脳卒中で機能が（一時的に）シャットダウンした左脳の時計は、左脳の頭頂部、それも後ろのほうに位置する方向定位連合野という場所にある。

この方向定位連合野という言葉は、あまり日本語では用いられず、専門家は「頭頂連合野」という言葉を使うらしい。英語の文献でもあまり見られないが、アンドリュー・ニューバーグの一般向けの本が出典のようだ。

実験の結果は、われわれの期待を裏切らなかった。SPECT画像は、脳の上部の後方領域の灰白質に異常な活動があることを示唆していた。この高度に専門化したニューロンの塊は、専門用語では上頭頂葉後部と呼ばれているが、われわれの研究に大いに関係する部位であるため、本書では「方向定位連合野」と呼ぶことにする。（『脳はいかにして〈神〉を見るか　宗教体験のブレイン・サイエンス』アンドリュー・ニューバーグ、ユージーン・ダキリ、ヴィンス・ローズ著、茂木健一郎監訳、木村俊雄訳、PHP研究所、十五ページ）

方向定位というのは、もちろん、自分の身体の方向や位置を把握する役目を負っているからであり、「どこへ」とか「どこに」という情報を処理する役割を担っている。

英語で「方向定位」は「オリエンテーション（orientation）」だ。日本語でオリエンテーションといえば、たいていの場合、新しい学校やクラブや会社に入ったときに、右往左往しないように導いてあげるための説明会のことだが、もともとは「方向づけ」というような意味を持っている（SPECTは「単一光子放射断層撮影」の英語の略で「スペクト」と発音する。体内に放射性同位体を入れて、そこから出るガンマ線を検出して、患部の輪

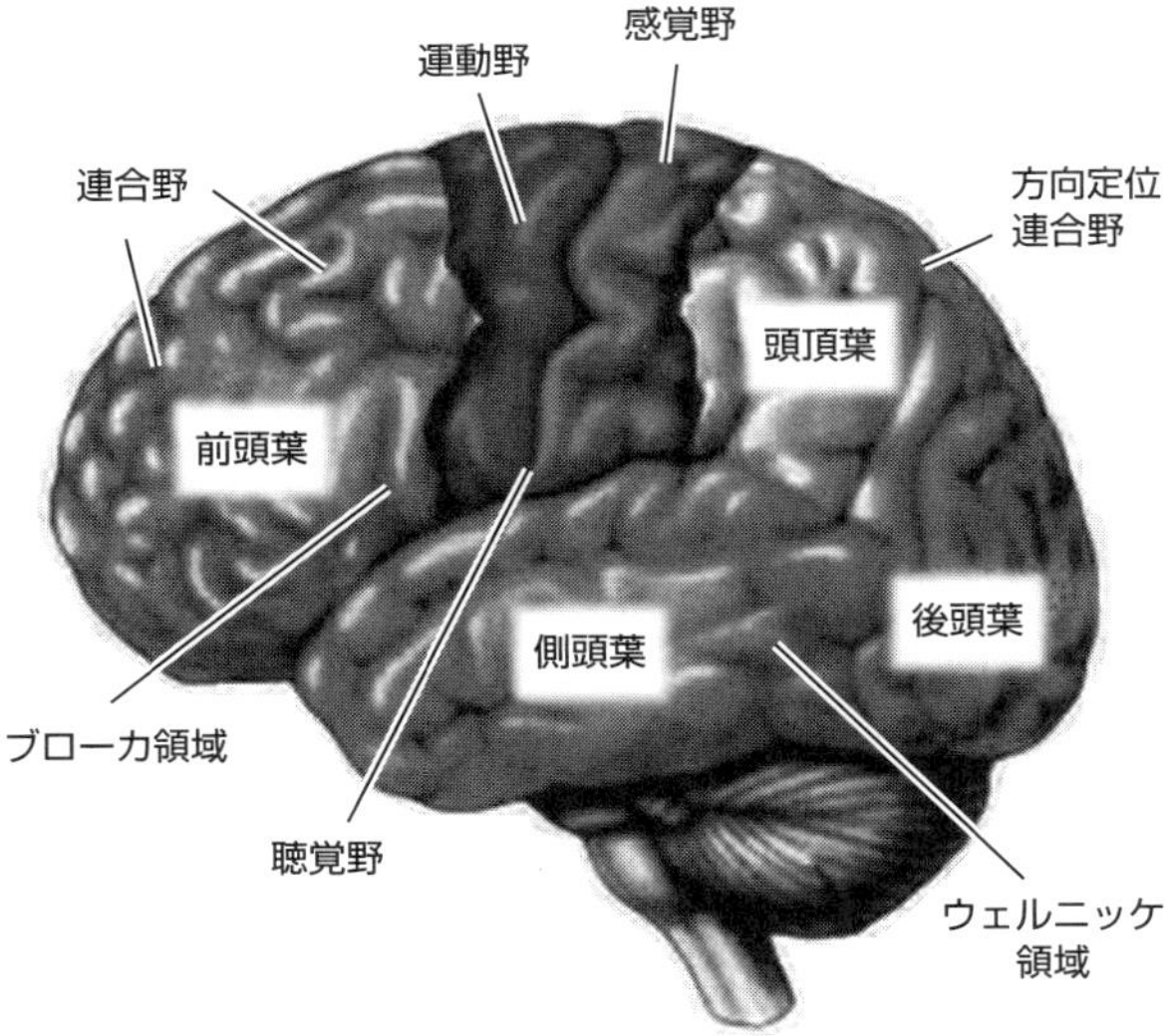

左脳を耳側から見た図。左がおでこ。後頭部の頭頂葉に方向定位連合野はある。

（出典：http://www.dericbownds.net/uploaded_images/cortex.jpg を参考に改変）

切り画像をつくる方法)。

言葉の問題はともかく、ジル・テイラーのいう、左脳の時計係の場所は、かなりはっきりしている。

生きものの時間のところでもうひとつ検討したエルンスト・ペッペルの「今は三秒ごとにリフレッシュされる」という仮説についてはどうだろう? パソコンやテレビの場合でも、画面をリフレッシュするのに関わる部品は数が多いので、脳の場合も複雑なメカニズムが予想されるが、この「三秒」という時間をはかっている「ペッペル博士の時計係」は脳のどこにあるのだろう?

残念ながら、今のところ、「三秒ごとに意識をひとまとめにする」ための詳細なメカニズムはわかっていない。ペッペル博士の仮説は、脳の解剖学レベルで実験・検証されたものではなく、心理学的な手法により、脳というブラックボックスにさまざまな刺激を与えて、その反応を見ながら立てられたものなのだ。

なぜ、三秒なのか、なぜ、年齢とともにそれが長くなる傾向があるのかについては、今後の脳科学の発展を見守るしかない。

（追記：友人で脳科学者の茂木健一郎にペッペル仮説の脳科学における進展をたずねたところ、「情報通信研究機構の村田勉さんの研究をチェックしてみたら？　面白いよ」という答えが返ってきた。早速、論文をチェックしたのだが、どこまでペッペル仮説の実証に迫っているのか、よくわからない。そこで、脳神経学者の水谷治央さんに質問したところ、「視覚野、前頭葉、頭頂葉という領域が関わっていることはわかっているようだが、さらに具体的な神経メカニズムについては、将来、脳科学者にとって夢のような測定器が登場しないと解明できないのではないか」と言われた。脳科学者たちの今後の研究に期待したい。）

4－3

体感時間は身体の大きさによる？（仮説の検討）

まずは、物理のスケーリングとの兼ね合いで登場した「生きものの体感時間は、その生きものの身体の大きさによる」というスケーリング仮説について検討しよう。

この話は二段からなっている。

まず、純粋に物理の話として、振り子の例からわかるように、そもそも時計が刻むことのできる最短時間は、時計の大きさによることを確認しておきたい。振り子の場合は、厳密に振り子の腕の長さの平方根が、振り子が往復する時間に比例している。その他の時計の場合も、一般に小さいほど、短い間隔でチクタクと時を刻むことができる。

次に、心臓の心周期と体重のグラフが直線になるという生物学的な事実がある。これも立派なスケーリングの例だが、生きものは物理で扱う物体のように単純ではないし、本書では「意識」が関係してくるので、脳が感じる体感時間がどうなるかが問題となる。

そこで、かなり乱暴な話で恐縮だが、とりあえず、生きものの身体の大きさを振り子の腕の長さに見立てて、生きものの「心のチクタク」の間隔が体重（もしくは身長）と簡単な関数関係にある、という仮説を立てたわけである。

このスケーリング仮説については、生きものの敏捷さなどを観察することにより、「おおざっぱに正しい」といえるだろう。どちらかというと物理法則からきている話なので、筋肉が出せる力に物理的限界があるのと同様、体感時計についても、身体の大きさにより制約があると考えるのが自然だ。

だとすると、身体の小さい子供の体感時間と身体の大きい大人の体感時間に差があるのは、むしろあたりまえだといえる。つまり、子供のときの時間感覚と大人になってからの時間感覚がちがうのは、スケーリング仮説で説明がつくように思われる。

子供の時間はチクタクと速く進み、大人の時間はチークタークとゆっくり進むのだから、子供から見て大人たちはスローモーションの世界に生きているわけで、子供は退屈な時間の牢獄に入れられて「もう、待てないよー！」と駄々をこねることになる。子供にとって、周囲にはいくらでも時間があるように感じられ、なかなか一年は過ぎてくれないはずだ。

だから、大人になってから、やけに一年が速く過ぎると感じることは、身体が大きくなったために必然的に生じた事態であり、万人に共通の出来事なのだ。

4－4

ネッカー立方体のリフレッシュは、歳とともに長くなる？（仮説の検証）

さて、ペッペル仮説について、その脳内メカニズムは解明されていないものの、実際に「見え方が変わる」かどうかは、自分でやってみれば検証できるし、周囲の人々にやってもらっても検証できる。

わたしも周囲の人々に手伝ってもらい、簡単な検証を試みた。その結果、次のような結果になった。

質問　「この立体見てみて」とだけ言い、十五秒後に、「見え方が変わりましたか？　変わったとしたら、何秒後くらいでしたか？」とたずねる。

結果　三十代　四名が二秒から三秒で見え方が変わった

三十代　三秒
三十代　十五秒たっても見え方が変わらなかった
六十代　三秒
六十代　五秒
七十代　三秒
七十代　十秒

すでにペッペル博士が詳細な研究を行なっているので、わたしは、単に友人や仕事先の人々などにネッカー立体を見せて、仮説を確認しているだけなのだが、三十代の会社員（男性）が一名、「十五秒たっても見え方が変わらなかった」と主張したのには驚いた。

話を聞いてみると、彼は、ネッカー立体について前から知っていたらしく、どうやら、図形全体をまんべんなく見るのではなく、図形の一部だけに焦点を合わせていたらしい。こうすると、仮に三秒で意識がリフレッシュされても、見え方が反転しないようにすることは可能だ。ただ、全体を見ていないので、ペッペル博士の仮説に対する反証にはならないであろう。

それでは、七十代の十秒というのも、もしかしたら、立体の一部だけを見ていたせいではないか、という疑問が湧く。そこで、質問を変えて、「この立体の全体をまんべんなく見て」と言うようにし、十五秒後に「何回変わりましたか？」とたずねるようにし、別の人々で実験をしてみた。

その結果は次のようになった。

三十代　三秒から四秒で見え方が変わった（まばたきをすると変わる）
四十代　三秒
五十代　五秒
六十代　五秒から七秒
七十代　五秒
七十代　三秒

さらに「できるだけ見え方が変わらないよう努力して」と付け加えてみたりもしてみたが、心理学の実験をきちんと設計するのが、いかに難しいか、思い知らされることになった。

　それでも、試行錯誤の結果、ペッペル仮説を否定するような傾向は見られなかったことを強調しておきたい。ペッペル仮説の三秒仮説は、おおむね正しく、また、年齢とともに長くなる傾向もあるように思われる。

　この「実験」は面白いので、できれば、読者も設問を工夫しながら、周囲の人々に実験をしてみてほしい。

4－5

左脳の「時計係」は歳とともに働かなくなる？（仮説の否定）

個人差があるにしても、左脳と右脳で機能が分化していることは、脳科学者の間でも認められているようだが、ジル・テイラーのように脳卒中により左脳の機能が低下する、という劇的な場合を除いて、「左脳の時計係が店じまいする」ような状況はなかなか起きそうにない。ひとつの例外を除いて。

その例外とは、もちろんヨガや宗教的な瞑想状態にあるときだ。これについては、アンドリュー・ニューバーグが瞑想状態にある被験者の脳の活動を画像として記録していて、明らかに左脳の働きが低下していることが読み取れる。

どうやら、瞑想状態に入ると、左脳の方向定位連合野は店じまいし、右脳のほうが優位になるらしい。これは、ジル・テイラーが不運にも陥った状態を人工的につくりだすことに当たる。

脳卒中を経験したり、瞑想をしたりしたことがない人でも、「まどろみ」の状態なら経

◆基準となる状態と瞑想中の状態におけるSPECTイメージ

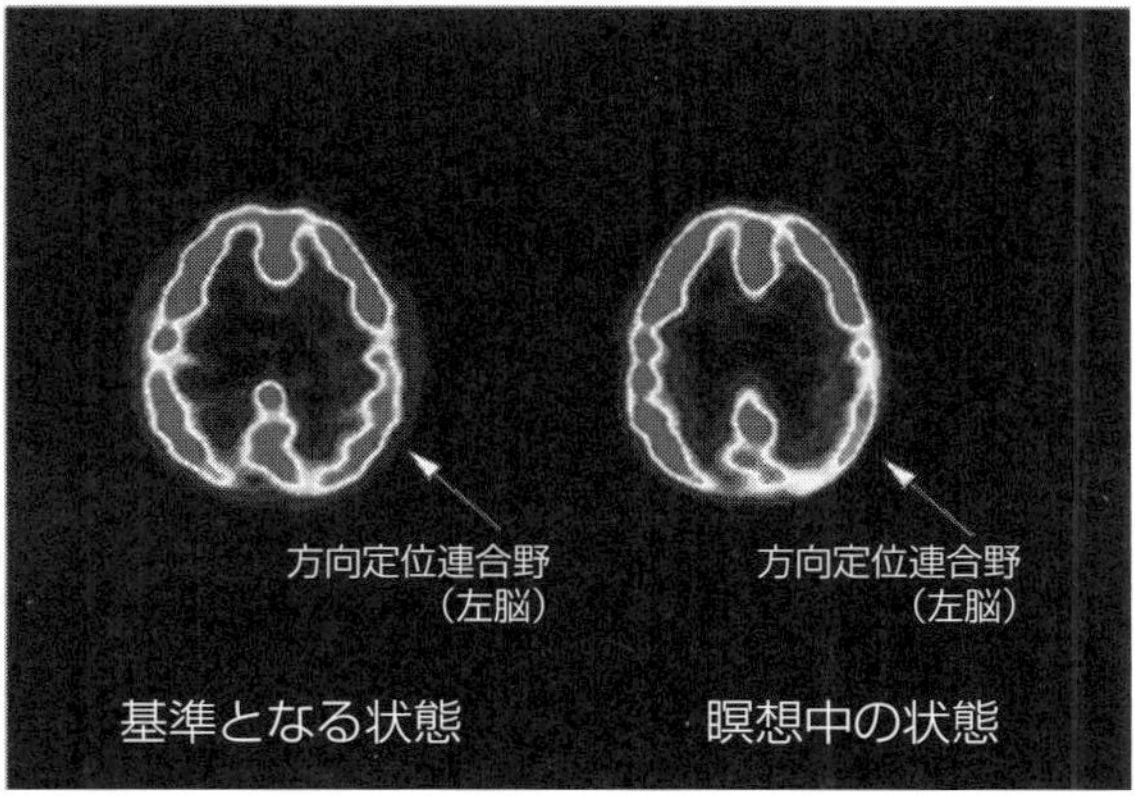

ニューバーグのHP（http://www.andrewnewberg.com/research.asp）から引用（訳：竹内 薫）

験したことがあるはず。感覚的には、身体の境界や方向や時間感覚が消失するという意味で、まどろみが一番近いように思う。

しかし、「年齢とともに左脳の時計係のサボり始めるのが、年々、一年が速くなる理由だ」という仮説は、どれくらい正しいのだろう。実は、本当にそのようなことが起きるかどうか、何人かの脳科学者と話をしてみたのだが、誰ひとりとして、同意する者はいなかった。脳の機能が衰えるとしても、左脳の方向定位連合野の活動だけが低下する理由が、現在の脳科学では見出せない、というのである。

個人的には、歳とともに言語活動が衰えることから見て、左脳の「支配力」が落ちるという可能性は排除できないと思うし、晩年に宗教的な思想傾向を帯びる科学者も多いことから、将来的に何らかの知見が得られる可能性は捨て切れないと思うが、現時点では、この仮説は、採用することができない。

晩年に宗教に傾倒する科学者が多いのも、もともと信心深かったが、引退するまでは周囲の科学者に本心を洩《も》らさなかっただけかもしれないし、また、死期が近づくにつれて、死後の世界に対する存在願望が出るのかもしれず、必ずしも右脳のはたらきが優位になったから、とは言い切れない。

それでは、なぜ、社会を見渡すと、年輩の人が管理職についたり、国の指導者になったりして、細かい仕事よりも全体像を把握した上で判断を下しているのか？　脳科学者の多くは、脳の左右の差ではなく、「前」に原因がある、と考えるようだ。

年齢とともに詳細よりも全体を見るようになるという視点に関しては、前頭連合野の発達が大きく関係していると思います。前頭葉は二十代半ばまで発達する比較的成長がゆっくりな領域です。年齢とともに前頭連合野が発達し、計画性や抽象性を発揮するのだと考えられます。なので、左脳が衰えるからとか、左右両方とも衰えるからという理由ではなく、前頭連合野の機能が豊熟してくるから、と考えた方が自然な気がします。（東京大学・水谷治央、個人的なメールへの回答）

友人の脳神経科学者からの「前頭葉仮説」である。前頭葉（前頭連合野）は、ようするにおでこの裏であり、そこには大脳の司令部が陣取っている。その司令部が、年々、経験を蓄積していった結果、細部にこだわって全体をないがしろにするような判断を避け、常に大局的な見地から行動できるようになるのだという。

年齢とともにニューロンの数は減っていくと言われていますが、ニューロンは活動すればするほど結合が強固になるという性質（ヘブの学習則）があります。ニューロンの活動には、これまでどれくらい脳を働かせていたかという履歴が反映されるのです。なので、脳の機能低下により、全体が俯瞰できるようになるという考え方には違和感を感じてしまうのです。私としては、前頭連合野を積極的に活動させてきた人が絶大な「俯瞰《ふかん》」性を身につけることができると考えたいです。あくまで、シナプスの性質から考察した私の仮説にすぎませんが……。（同右）

これまで、ジル・テイラーの体験をもとに、本書の有力な仮説として、「加齢により、左脳の時計係が店じまいするのが、年々一年が速くなる理由だ」と考えてきたが、どうやら、まったく逆の発想で、「年齢とともに前頭葉の機能が発達し、熟慮することが多くなり、時間が足りなくなる」という仮説も成り立つかもしれない。

周囲に比べて判断にかかる時間が遅れたり、一見、若者のような迅速な行動がとれなくなったとして、それが「歳のせいだ」と嘆くべきではない。むしろ、「短兵急」な結論で大失敗する若者を尻目に、まさに「年の功」で、事態をじっくりと分析し、失敗しない行動を取るほうがいい場合もある。

たしかに周囲の平均よりもスローモーションになるかもしれないが、伊達《だて》にトシを食ってるわけじゃない。会社は博打じゃない。潰れない会社経営は年輩にまかせろ。そんな発想も可能ではないのか。

実は、将棋の羽生善治さんが、将棋の世界でも「年の功」により大局が見えてくる、と書いている。

勝負どころを検証する「読み」についていうと、年齢が上がるにつれ読めなくなる人がいるが、それは読めないのではない。短い時間で閃かないだけで、時間をかければ読める。（中略）年を重ねると、ただ読むのではなく、思考の過程をできるだけ省略していく方法が身につく。心臓が強くなるというか、経験をうまく生かしていくのだ。（中略）全体を判断する目とは、大局観である。一つの場面で、今はどういう状況で、これから先どうしたらいいのか、そういう状況判断ができる力だ。本質を見抜く力といってもいい。その思考の基盤になるのが、勘、つまり直感力だ。直感力の元

になるのは感性である。（『決断力』羽生善治著、角川ＯＮＥテーマ21、五十九〜六十二ページ）

年齢とともに細かい読みの速度は落ちるが、それを補って余りある大局観が身につく、というのである。

実は、日本最高峰の科学研究所として名高い理化学研究所では、将棋脳プロジェクトという、「直感を科学するプロジェクト」が進行中だという。いずれ、年齢とともに「細かいことが遅くなる」ことが、直感や大局観と関係していることがわかる日が来るかもしれない。

わたしは個人的に、細かい作業をする左脳の機能は歳とともに衰えるという考えは捨てていない。自分の経験を顧みても、二十代のときにはスラスラと書けていたコンピュータ・プログラムが、三十五歳になった途端、まったく書けなくなった憶えがある。

それは、まさに重箱の隅を突くような細かい作業の繰り返しだったが、体力は残っていても、頭が「嫌だ」と悲鳴をあげてしまうのである。実際、三十代から四十代でプログラムが書けなくなり、そうはいっても、大局的な見地から監督はできるため、管理職に移るプログラマーは少なくない。

もちろん、わたしの頭に訪れた変化が、計算や言語を司る左脳の機能が突如として衰えたせいなのか、そうではなく、経験と知恵がついてきて、だいたいの結果はわかっているにもかかわらず、延々と細かい作業をするのが馬鹿らしいことを前頭葉の司令部が学んだせいか、あるいは、その双方なのか、わたしにはわからない（双方だと思うが！）。

理化学研究所の将棋脳プロジェクトが、「細かい読みが遅くなる理由」と「大局観が身につく理由」を解明してくれることを祈りたい。

なお、「前頭連合野が大局観の源」というのはいいとして、それが「時間が速くなる」こととピッタリ結びつかない気がするので、新たな「前頭葉仮説」は提示しないでおく。

4－6

大人の実感を科学してみると……

第三章のアンケートから、さまざまな仮説が出てきた。もう一度列挙してみよう。

仮説1　一年の体感時間は年齢に反比例する（ダブソン仮説）

仮説2　加齢とともに仕事の効率・達成率が落ちて、時間に取り残されていくと感じる（加齢による効率低下仮説）

仮説3　忙しすぎて毎日が単調なルーティンになってしまうため時間が速く感じる（ルーティン仮説）

仮説4　人生に変化をつけ、充実度、達成感をあげることにより、時間を堪能することが

できる（鈴木光司仮説）

仮説5　記憶に残るような手続きの積み重ねが、一日、一年の体感長さを決める（小泉英明仮説）

ダプソン仮説は、心理学の分野では正しい仮説なのだと思う。だが、これは「法則」なのであり、その原因として考えられるのが、加齢による効率低下仮説、ルーティン仮説、鈴木光司仮説、小泉英明仮説ということだ。ルーティン仮説、鈴木光司仮説、小泉英明仮説は、みんな近いので、まとめて「『魔の山』仮説」と呼ぶことにしよう。

「一年は、なぜ年々速くなるのか？」という問いに対する答えとしては、したがって、

加齢効率低下仮説　「歳のせいで身体と頭が効率よく働かなくなり、達成率が落ちるから」

『魔の山』仮説　「記憶に残るような出来事が減り、毎日が記憶に残らない、単調な繰り返しになるから」

という二つにまとめてしまったほうがわかりやすい。

ここで、『魔の山』の別の一節を引用してみたい。

どう考えてみても不思議なのは、知らない土地へやってきた当初は時間が長く感じられるということだ。というのは……何もぼくが退屈しているというんじゃなくてね、逆に、ぼくはまるで王様のように愉快にやっている、といってもいいくらいなんだ。けれども、振返ってみると、つまり回顧的にいえばだね、ぼくはもうここの上に、どのくらいかよくわからないほど長い間いるような気がする。（『魔の山』（上）トーマス・マン著、高橋義孝訳、新潮文庫二百二十三ページ）

人は、人生に疲れると旅をしたくなる。単調な毎日の繰り返しに耐えられなくなり、南の島に行ったり、オーロラを見に行ったり、アフリカの野生動物を見に行ったりする。それは、記憶に残らないルーティンワークから逃れ、中身のない時間が自分を置き去りにして走り去る状況から脱出し、充実した時の流れに身を置きたいと願うからではなかろうか。

そうでなければ、何年もかけて貯めたお金を一週間とか一ヶ月の旅行代として差し出すはずがない。

また、引退後に夫婦でゆっくりと旅に出る人が多いのも、充実した時の流れを経験したいからではないのか。

4－7

結論！　一年が年々速くなるのはなぜか

これまで、さまざまな観点から「時の流れ」について考えてきた。なかには小難しい話や、根拠のあやふやな話や、あまり本筋と関係のない話も含まれていた。読者に余計な寄り道をさせてしまった点については謝りたいと思う。

だが、ある意味、これこそがわたしが常に実践しつつ提唱している「仮説思考」の形なのだ。試行錯誤とともに、思いがけない仮説が浮上し、消えてゆく。自分だけで考えていてもダメで、専門家、非専門家を問わず、いろいろな人との会話（時には雑談）の中に、問題を解くヒントが隠されている。

仮説を立てても、その中のどれが正しいのか、検証しなくてはいけない。検証といっても、実験の形をとることもあれば、人々へのアンケート、さらには、専門家の意見を聞いたり、専門論文を探す場合もある。

根拠のない仮説はふるいおとされ、最終的に、可能性のある仮説がいくつか残ることになる。

この節は、その最終段階である。これまでに出てきた仮説を整理点検してみよう。

スケーリング仮説　時計の振り子のように、われわれの「体内時計」の時の刻みも、身体の大きさに比例する（「比例」というのは対数目盛りのグラフ上で）

この仮説は、身近な動物を見ていても正しいように思われる。実際、生きものといえども、物理のスケーリングの法則にしたがうほうが自然だ。身体が小さい子供の「体内時計」はチクタクであり、身体の大きい大人の「体内時計」はチークタークと時を刻む。子供は大人が支配する世界で生きているため、チクタクの自分はチークタークの環境に合わせる必要があり、周囲の大人たちがスローモーションのように見え、イライラし、我慢できず、時間はたっぷりある。子供の一年は決して速くない。

長ずるにしたがい、われわれの体内時計は、周囲と同じペースになってしまう。それまでたっぷりあったはずの時間はどこかに消えてしまい、大人の一年は、子供のころとちがって速く終わるようになる。

この仮説は、あくまでも「周囲との比較」において感じる時の流れについて語っていることに注意してほしい。

ペッペル仮説　若者の「今」は三秒くらいだが、歳をとるとともに「今」は間延びして五秒くらいになる

検証というと大げさだが、歳とともにネッカー立体が反転するまでの時間が長くなる傾向は確認できた。無論、ペッペル博士自身が、数多くの検証を行なっており、この「三秒から五秒へ」という変化は充分に信ずるに足るものだ（では、子供では二秒なのか、という疑問は残るが！）。

これはつまり、大人になってからのチークタークが、歳とともにさらに間延びしてチーークターークになる、ということだろう。だとしたら、スケーリング仮説と同様、働き盛りの人々の中で、年老いてゆく自分は、周囲がクイックモーションの世界に感じられ、あっという間に一年が過ぎてゆくように感じられるにちがいない。

この仮説も「周囲との比較」によって初めて意味を持つようになる。

右脳優位仮説　歳とともに左脳の時計係がサボり始める

この仮説は、個人的に魅力的だと思う。

次第に細かい作業が辛くなり、計算速度が遅くなり、言語能力も衰えることを実感しているからだ。左脳の支配力が落ちた結果、右脳の機能が表面化し、せかせかと時間に追われて生きることが馬鹿らしくなってくる。

また、ある年齢で細かいプログラムが書けなくなるプログラマーの「燃えつき症候群」もあるし、アナウンサーも歳とともに口が速く回らなくなる。それだけではなく、晩年、宗教に近づく科学者も多く見られる。これらはすべて、左脳の右脳への支配が弱くなったものと考えられはしないか。

だが、右脳と左脳の役割については、脳科学者の間でも大きく見解が分かれており、残念ながら、この仮説を支持してくれる発言には、ほとんどお目にかからなかった。唯一、羽生善治の「大局観」や「感性」を右脳と結びつけて解釈することが可能だと指摘してくれた人がいたが、それについても、現在進行中の理化学研究所の将棋脳プロジェクトの結果を待ったほうがいいと注意されたのである。

ただ、わたしが実感している「右脳体験」は、まったく別の説明も可能だ。経験により前頭葉の働きが高まり、全体を俯瞰するような判断を下せるようになるが、判断に慎重になるため、時間もかかる。また、経験から、できることがわかっている計算やプログラミングに全力投球することが無意味だと前頭葉の司令部が考えるのかもしれない（笑）。

残念ながら、現状では、わたしの周囲の脳科学者の見解にしたがい、右脳優位仮説は保留ということにしたい。

加齢効率低下仮説　歳のせいで身体と頭が効率よく働かなくなり、達成率が落ちる

これは、右脳優位仮説と比べると、ある意味単純であり、脳の具体的な機能に結びつけて語っていないだけに、誰も否定できない仮説だ。

確かに、周囲との比較に気を取られていると、歳とともに仕事の効率が落ちるように見える。だが、それには、若者の仕事をすれば、という条件がつくことを忘れてはならない。

たとえば野球選手は、ある年齢が来ると成績が悪くなって引退するが、その後、経験を

生かしてコーチや監督に就任する人も多い。では、若くて頭の回転が速く、身体のキレもいいうちにコーチや監督に就任できるかといえば、そんなことはない。選手として、決まった役割をこなすことはできても、若者は、全体を俯瞰して戦略を立てることは不得意だからだ。

なんだか、ふたたび前頭葉の話に行きかかっているが、「加齢効率低下仮説」は、「周囲の若者との比較」という条件のもとでは否定できないように思う。

『魔の山』仮説　記憶に残るような出来事が減り、毎日が記憶に残らない、単調な繰り返しになる

この仮説は、周囲との比較ではなく、自らの心の中での時間経過について語っている点で異彩を放っている。後で振り返ったときに、一年がカラッポで、あっという間に流れていってしまったのか、それとも、充実した出来事に彩られ、記憶に鮮明に残っていて、たっぷりと堪能できたのかは、周囲の人がスローモーションかクイックモーションかにかかわらず、自分自身の心の問題なのだ。

年輩であるにもかかわらず、一年が速くならない人々が確実に存在する。そういった人たちは、常に変化を求め、新たなことに挑戦し、人生に変化と彩りを添えている。

第三章に出てきたわたしの妻の話からも明らかなように、それは、仕事の種類にはよらない。どんなにルーティンワークだと思われる仕事でも、その人の仕事のやり方、心の持ちようによって、時間の速さは変わってくる。

子供のとき、一年が速くなかった理由は、『魔の山』仮説でも説明できる。子供の心の世界は、常に変化に富んでおり、記憶に残る出来事の連続なのだ。子供は充実した時を過ごしている。

この本もそろそろ終わりに近づいた。

「なぜ、一年は年々速くなるのか？」

わたしは、最終的に、次のような答えを読者に提示したいと思う。

1　周囲との比較から一年が速くなる理由（歳のせい）

スケーリング仮説により子供から大人への時間感覚の移行が説明できる。また、歳とともに、たとえば「今」が三秒から五秒へと間延びしたり（ペッペル仮説）、もっと一般的には、頭の回転が遅くなり、体力も衰え、仕事の効率や達成率が周囲の若者に追いつかなくなるために「時間が足りない」ことは説明できる（加齢効率低下仮説）。

2　自分の内部で一年が速くなる理由（歳のせいだけじゃない）

記憶に鮮明に残る出来事が少なくなることにより、あとから振り返ったときに、「なんにもしないうちに一年が過ぎた」という心境になってしまう（『魔の山』仮説）。

一年が年々速く速くなる理由の一部は、たしかに「歳のせい」だ。特にスケーリング法則による物理的な身体の大きさの変化はどうしようもない。でも、加齢による効率低下に関しては、周囲の若者と同じ土俵で勝負を続けているからそう感じるのであり、若者にはできない「年の功」の能力を生かすことができれば、一年が速く過ぎ去ることはないはずだ。

周囲との比較にこだわらず、自分の心の持ちようを変えることにより、あなたの時間の経ち方は劇的に変化する。もちろん、定期的に旅をしたり、本当に楽しい趣味を見つけることでもかまわないが、ルーティン化している仕事の中にも、自分なりの工夫や創造の余地があるにちがいない。

要は、自分の時間を取り戻すことなのだ。

いかがだろう？

周囲との比較と自分の内部が原因の二つの時間の経ち方がある。そして、二つとも、あなたの工夫次第で、時間は速くもなり、遅くもなる。

時間に流されず、しっかりと時間の手綱を握ることさえできれば、明日からのあなたの人生は、まったく別のものになる。

もしかしたら文豪ゲーテが描いたファウストの悩みは、現代人の悩みそのものかもしれない。時よ止まれ、……おまえは、あまりに美しいから。

おわりに

本書は学術書ではなく、一般科学書である。

学問的な成果を引用しつつも、面白い科学エッセイを書いて、読者のみなさんに一つの「仮説」を提示してみようと思ったのである。なぜなら、わたしの役目は、科学をエンタテインメントとして提供することだからだ。

わたしは「一般科学書」について深い思い入れがある。

ここ数年、わたしは何度も科学関係の出版賞の最終候補になったが、最終的にすべて落選した。

もともと権威が嫌いで、一匹狼の物書き稼業をしていたわたしだが、聖人君子ではないし、出版賞をもらえば一気に本の売り上げも伸びて、原稿料のランクも上がる。もらって嬉しくないわけがない。だが、次第にわたしは、「罵倒」にしか聞こえない審査員たちの講評を聞くのが苦痛になってきた。そして、過去の受賞歴を調べてみて、あることに気がついた。

そもそも、科学関係の出版賞なんてものは、立派な肩書きを持つ、大学教授や研究所の研究員にしか与えられないのだ。組織に属さないサイエンスライターであるわたしは、審査員にとっては「野良犬」同然であり、出版社の編集部が、何度最終候補に残してくれても、端からはねられる運命にあったのだ。

最近、脳科学者の小泉英明さんとの対談で、「日本の若者は科学書が大嫌い」という数字が出てきて驚かされた。「科学書から知識を得るのが楽しいか?」という問いに対して、OECDが調査した五十七ヶ国中、日本は堂々のビリだったのだ。いったいなぜか?

わたしはその理由をこう考える。もともと、大学や研究所から給料をもらって生計を立てている科学者は、読者の反応など気にする必要がない。その結果、日本には、正確無比だが、専門家以外には意味不明の上から目線の一般科学書があふれかえり、もう、若者は科学書になど見向きもしなくなってしまったのだ。

わたしはそんな現状を心から憂えている。もっと大勢の人に科学を好きになってもらいたい。

だから、この本は、本屋さんで手にとってくれる一般読者のために、正確さとわかりやすさのギリギリの線を狙って書いたつもりだ（今は、ひたすら、「不正確だ、難解だ」という反応が返ってこないことを祈っている！）。

一点、どうしても書いておかなくてはならないことがある。

そもそも、この本の企画は、八ヶ月前に青春出版社の村松基宏さんの依頼を受け、拙著『よくわかる最新時間論の基本と仕組み』（秀和システム）の内容をもとに、「一年は、なぜ年々速くなるのか？」という仮題に焦点を合わせ、十一月出版に向けて書き始めたものだ。

ところが、九月に『大人の時間はなぜ短いのか』（一川誠著、集英社新書）が出版され、わたしも担当編集者も「題名も棚もかぶってしまいましたね」と冷や汗が出た。

本来なら『大人の時間はなぜ短いのか』を読んだ上で、本書にもその内容を紹介し、反映させるべきだったが、残念ながら、十一月出版というスケジュールは動かせず、その時間が取れなかった。この点については、著者の一川氏にも読者にも誠に申し訳なく、心残りである。

本書ができるまでに大勢の方にお世話になった。

まず、アンケートにご協力いただいたみなさんへ。貴重なお時間を割いていただき、本当にありがとうございました！

鈴木光司さんからは、昼食の際に『魔の山』やご自分の時間の工夫について教えていただいた。

小泉英明さんには、雑誌の対談の席で、ぶしつけな質問にもかかわらず、関係のない時間の話に快くお付き合いいただいた。

原稿の一部を提供してくれ、スポーツクラブでのアンケートの配付と回収をしてくれた妻のかおり、専門用語のアドバイスや仮説の相談にのってくれた東京大学の水谷治央さんと理化学研究所の丸山篤史さん、アンケートとペッペル仮説の検証を手伝ってくれた担当編集者の村松基宏さんに深謝。

そして、もちろん、この本を最後まで読んでくれた読者のみなさまに心から感謝いたします。

二〇〇八年　港横浜にて、秋の気配を感じながら

竹内　薫

青春新書
INTELLIGENCE

こころ涌き立つ「知」の冒険

いまを生きる

"青春新書"は昭和三一年に──若い日に常にあなたの心の友として、その糧となり実になる多様な知恵が、生きる指標として勇気と力になり、すぐに役立つ──をモットーに創刊された。

そして昭和三八年、新しい時代の気運の中で、新書"プレイブックス"にその役目のバトンを渡した。「人生を自由自在に活動《プレイ》する」のキャッチコピーのもと──すべてのうっ積を吹きとばし、自由闊達な活動力を培養し、勇気と自信を生み出す最も楽しいシリーズ──となった。

いまや、私たちはバブル経済崩壊後の混沌とした価値観のただ中にいる。その価値観は常に未曾有の変貌を見せ、社会は少子高齢化し、地球規模の環境問題等は解決の兆しを見せない。私たちはあらゆる不安と懐疑に対峙している。

本シリーズ"青春新書インテリジェンス"はまさに、この時代の欲求によってプレイブックスから分化・刊行された。それは即ち、「心の中に自らの青春の輝きを失わない旺盛な知力、活力への欲求」に他ならない。応えるべきキャッチコピーは「こころ涌き立つ"知"の冒険」である。

予測のつかない時代にあって、一人ひとりの足元を照らし出すシリーズでありたいと願う。青春出版社は本年創業五〇周年を迎えた。これはひとえに長年に亘る多くの読者の熱いご支持の賜物である。社員一同深く感謝し、より一層世の中に希望と勇気の明るい光を放つ書籍を出版すべく、鋭意志すものである。

平成一七年

刊行者　小澤源太郎

読者のみなさんへ

この本をお読みになって、特に感銘をもたれたところや、ご不満のあるところなど、忌憚のないご意見を当編集部あてにお送りください。

また、わたくしどもでは、みなさんの斬新なアイディアをお聞きしたいと思っています。「私のアイディア」を生かしたいとお思いの方は、どしどしお寄せください。これからの企画にできるだけ反映させていきたいと考えています。

採用の分には、記念品を贈呈させていただきます。

なお、お寄せいただいた個人情報は編集企画のためにのみ利用させていただきます。

青春出版社　編集部

一年《いちねん》は、なぜ年々《ねんねん》速《はや》くなるのか　青春新書 INTELLIGENCE

2008年11月15日　第1刷

著　者　竹《たけ》内《うち》　薫《かおる》

発行者　小澤源太郎

責任編集　株式会社プライム涌光

電話　編集部　03(3203)2850

発行所　東京都新宿区若松町12番1号 〒162-0056　株式会社青春出版社

電話　営業部　03(3207)1916　振替番号　00190-7-98602

印刷・堀内印刷　製本・ナショナル製本

ISBN978-4-413-04218-5